열려라,
초등
문해력!

🌱 활동지의 주인공들

강승규	김동현	김태현	이설온	장승기	진예림
권예린	김수민	박수아	이예온	장예린	최서은
김가빈	김시원	송가은	이지아	장유진	최예은
김도현	김은채	신아원	이하윤	정민규	한지우

열려라, 초등 문해력!

초판 1쇄 발행 2023년 11월 29일
초판 2쇄 발행 2024년 10월 29일

지은이 김미경·김정화·송현지·윤지선·최선영

발행인 장상진
발행처 (주)경향비피
등록번호 제2012-000228호
등록일자 2012년 7월 2일

주소 서울시 영등포구 양평동 2가 37-1번지 동아프라임밸리 507-508호
전화 1644-5613 | **팩스** 02) 304-5613

ⓒ김미경·김정화·송현지·윤지선·최선영

ISBN 978-89-6952-565-9 03370

초등 교과 과정에 맞춘
문해력 활동 48

열려라, 초등 문해력!

김미경 · 김정화 · 송현지
윤지선 · 최선영 지음

경향BP

 **들어가며**

그림책은 문해력을 키워 주는 가장 멋진 재료입니다. 그림책으로는 무엇이든 할 수 있습니다. 하늘도 날 수 있고, 호랑이를 만날 수도 있고, 변신도 할 수 있지요. 그리고 어디든 갈 수도 있어요.

그림책은 아이들의 상상력을 자극하며, 생각을 재미나게 표현할 수 있도록 도와줍니다. 구수한 옛이야기부터 지식을 알려 주는 책, 마음을 어루만져 주는 책, 호기심을 해결해 주는 책, 심심함을 달래 주는 책, 믿을 수 없는 놀라운 이야기까지 아이들은 그림책을 통해 다양한 세상을 경험할 수 있습니다.

아이들은 아름다운 이야기 바다에서 헤엄칠 권리가 있습니다. 수영하고 나서 먹는 사발면이 꿀맛이듯 책을 읽고 나서 하는 문해력 활동 또한 꿀맛일 거예요.

문해력은 단순히 글을 읽고 쓰는 것이 아니라 글을 이해하고, 내 생각을 표현하고, 그것을 상황에 맞게 적용할 수 있는 능력입니다. 이것은 아이들의 몸과 마음이 건강하게 성장하도록 도와줍니다. 혼자만 잘하는 것이 아니라 다른 사람과 더불어 살아갈 수 있도록 해 줍니다.

이 책에서는 그림책을 통해 아이들이 생각의 힘을 키우고 자유롭게 표현할 수 있도록 다양한 활동을 통해 문해력을 높일 수 있는 방법을 제시했습니다. 한글을 깨치지 않은 아이들도 할 수 있는 활동부터 초등 전 학년에서 함께 할 수 있는 재미나고도 의미 있는 문해력 활동들을 담았습니다.

재미드니도서연구회에서는 그동안 교육 현장에서 아이들에게 글쓰기를 가르치면서 문해력 교육의 필요성을 느끼게 되었고, 재미있고 알찬 질문과 활동지를 만들기 위해 열심히 연구했습니다. 주제별 그림책 선정부터 질문 하나하나까지 온 정성을 다하고, 재미와 의미를 모두 갖춘 활동지를 만들기 위해 수정에 수정을 거듭했습니다.

이 책에는 그렇게 해서 나온 다양한 질문과 활동지로 아이들과 직접 문해력 활동을 한 결과물들을 담았습니다. 그림책으로 책 육아를 하는 부모님에게도, 그림책으로 수업을 하는 선생님에게도 든든한 조력자가 될 것입니다. 무엇보다도 이 책이 누구나 그림책과 친해질 수 있고, 소통할 수 있는 열쇠가 되길 바랍니다.

재미드니도서연구회 드림

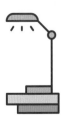

차례

얼씨구나 우리 문화

이상한 상상나라

알콩달콩 우리 사회

소곤소곤 사계절 이야기

살아 있는 과학 숨쉬는 환경

재미있는 말놀이

반짝반짝 우리 인물

문해력이란 무엇일까요?

1. 「OECD Education 2030」은 미래 사회에서 학생이 지녀야 할 가장 중요한 역량으로 문해력을 제시하였으며, 다양한 형식의 문자나 시각적 정보 등을 이해하며 해석하는 능력으로 보았다 (OECD, 2019).
2. 국립국어원은 '현대 사회에서 일상생활을 해 나가는 데 필요한 글을 읽고 이해하는 최소한의 능력'으로 기초 문해를 정의하였으며, 문자 해득 수준에서 이해 수준으로 문해를 적용했다(김창원 외, 2008).

문해력이란 단순히 글을 읽고 쓰는 것이 아닙니다. 글을 쓸 때 어느 상황에 어떻게 사용해야 하는지 적절한 위치를 알아야 하기 때문입니다. 다시 말해서 글을 읽고, 그 뜻을 이해하고, 잘 기억해 두었다가 문제가 발생했을 때 꺼내서 해결할 수 있어야 하는 것입니다. 슈퍼에 가서 물건을 살 때도, 친구들과 보드게임을 할 때도, 수학 문제를 풀 때도, 음식점에서 주문할 때도 문해력은 많은 해결 방법의 열쇠 역할을 합니다.

문해력이 왜 필요한가요?

● 다양한 종류의 말과 글을 이해하기 위해서 필요합니다.
● 배경지식을 바탕으로 내 생각을 잘 전달하기 위해서 필요합니다.
● 올바른 소통을 하기 위해서 필요합니다.
● 정보들을 올바르게 이해하고 사용하기 위해서 필요합니다.
● 문제 상황에서 다양한 해답을 찾아가기 위해서 필요합니다.

문해력을 기우는 방법

문해력 교실 진행 TIP

- 이야기를 들으며 이해할 수 있도록 생동감 있게 들려주세요.
- 정답은 없으니 열린 질문을 해 주세요.
- 아이들이 자발적으로 참여할 수 있도록 먼저 표현해 주세요.
- 자유롭게 표현할 수 있도록 아이들을 존중해 주세요.

당신의 문해력은 몇 점인가요?

1

그런데 선생님이 딱 잘라 말했습니다.

"나, 백오십 살이야."

유솔이가 데꺽 따졌습니다.

"거짓말이죠?"

-『멋지다 썩은 떡』 중에서

여기서 "데꺽 따졌다." 의 뜻은?　　　　　　　　　　　　　　　(　　　)

① 조심스럽게 되물었다.　　　② 깜짝 놀라 되물었다.

③ 화가 나서 소리쳤다.　　　　④ 서슴지 않고 망설임 없이 따졌다.

2

"어제 수요일에는 아파서 학교에 못 갔어요.

오늘은 학교에 다녀왔어요.

모레는 내가 좋아하는 할머니댁에도 가요."

할머니댁에 가는 요일은 언제인가요?　　　　　　　　　　(　　　)

① 월요일　　　② 금요일　　　③ 토요일　　　④ 일요일

3 다음 속담은 무슨 뜻일까요?   (   )

비 온 뒤에 땅이 굳어진다.

① 어려움을 겪고 나면 더 강해진다.
② 아무리 쉬운 일이라도 여럿이 하면 쉽다.
③ 한 가지 일을 끝까지 해야 성공할 수 있다.
④ 아무리 위급한 일을 당하여도 정신만 똑똑히 차리면 위기를 면할 수 있다.

4 '해가 서산마루에 걸려 있다.'라는 말은 어떤 뜻일까요?   (   )

① 해가 뜨고 있다.
② 해가 져서 깜깜한 밤이 되었다.
③ 해가 하늘 높이 쨍쨍 떠 있다.
④ 해가 지려고 서쪽 하늘에 떠 있다.

5 다음 중 올바른 문장은?   (   )

① 엄마가 설겆이를 해요.
② 내일 뵈요.
③ 깨끗이 손을 씻어요.
④ 된장찌게 먹을래?

6

꼬부랑 할머니가 손에 쥐고 있던 떡을 내밀었어.

"저 주시는 거래유?"

"니가 시장허다 안 혔냐. 땅을 암만 내려다본들 배 채울게 있겠냐.
 그러니까 이걸 먹으란 말이다."

-『겁보 만보』중에서

여기서 "니가 시장허다 안 혔냐."의 뜻은?   (   )

① 배가 고프다.   ② 발이 아프다.
③ 시장에 간다.   ④ 마음이 아프다.

7 **발음은 같지만 다른 의미와 쓰임을 가지고 있습니다. 각각 의미가 맞는 단어를 찾아보세요.**

❶ 카드로 (결재 / 결제) 하시나요?

❷ 가방을 (메고 / 매고) 학교에 갑니다.

8 **다음은 전래놀이 중 하나를 설명한 것입니다. 어떤 놀이일까요?**   (   )

전래 놀이 중 하나로, 조그마한 돌 여러 개를 땅바닥에 놓고, 규칙에 따라 집고 받
는 놀이입니다.

① 투호놀이   ② 다리밟기   ③ 공기놀이   ④ 돌치기

9

"안녕하세요? 관리사무소입니다.

엘리베이터의 잦은 고장으로 인해 불편을 끼쳐 죄송합니다.

수일 내에 그 원인을 찾아 수리하겠습니다.

불편하시겠지만 계단을 이용해 주세요."

엘리베이터 고장에 대한 안내문입니다. 여기서 '수일'은 어느 정도의 기간일까요?

(   )

① 1일   ② 2~3일   ③ 5~6일   ④ 3주

10 소가 5마리, 돼지는 3마리, 닭은 2마리, 오리는 소보다 1마리 적게 있습니다. 가장 적게 있
는 동물은 무엇인가요?   (   )

① 소   ② 돼지   ③ 오리   ④ 닭

✅ **정답**

겁이 나는 건 당연해

이은서 글 | 유진 그림 | 책읽는곰

겁 많은 어린이를 위한 특급 심리 처방전! 뭐든지 척척 잘하는 아이의 마음속에도, 뭐든지 뚝딱 해 내는 어른의 마음속에도 겁쟁이가 살고 있습니다. 겁쟁이는 두려움을 먹고 야금야금 자라지요. 하지만 너무 걱정하지 마세요.

#겁 #용기 #겁쟁이 #두려움 #용기 #용감이 #감정의인정 #단짝

문해력 목표		• 겁을 이겨 내는 방법을 알 수 있다. • 당당히 나의 감정을 인정하는 방법을 알 수 있다. • 용감이 그래프로 마음의 크기를 표현할 수 있다.
문해력 질문	독전	• 새로운 일을 시작할 때 기분이 어떤가요? • 일을 시작하기 전에 미리 걱정해 본 적이 있나요? • 표지 속 아이의 표정은 어떤가요? • 겁이 날 때는 언제인가요? • 겁을 내는 친구에게 어떤 얘기를 해 줄 수 있을까요? • 나는 겁이 날 때 어떻게 하나요?
	독후	• 뭐든지 척척 잘하는 아이들은 과연 용감하기만 했나요? • 겁이 날 때 나는 어떤 행동을 하나요? • 내 마음속 용감이를 부르는 방법은 뭐가 있을까요? • 겁을 이겨 내는 나만의 방법은 어떤 것이 있을까요? • 내가 만약 용감이라면 겁을 내는 친구에게 어떤 말을 해 주고 싶나요? • 상황에 따른(달리기할 때, 발표할 때 등) 마음속 용감이의 크기를 표현해 볼까요?
문해력 활동지		용감이 그래프
연계 도서		• 『괜찮아, 용기 내서 말해 봐』, 우오즈미 나오코 글, 아사쿠라 세카이이치 그림, 고향옥 옮김, 그린북 • 『용기가 필요해』, 최형미 글, 원유미 그림, 좋은책어린이 • 『할 수 있어, 클로버!』, 홀리 휴즈 글, 닐라 아예 그림, 그림책사랑교사모임 옮김, 교육과실천 • 『내 마음이 철렁!』, 자넷 A. 홈스 글, 다니엘라 저메인 그림, 김호정 옮김, 책속물고기 • 『용기를 내, 비닐장갑!』, 유설화 글·그림, 책읽는곰

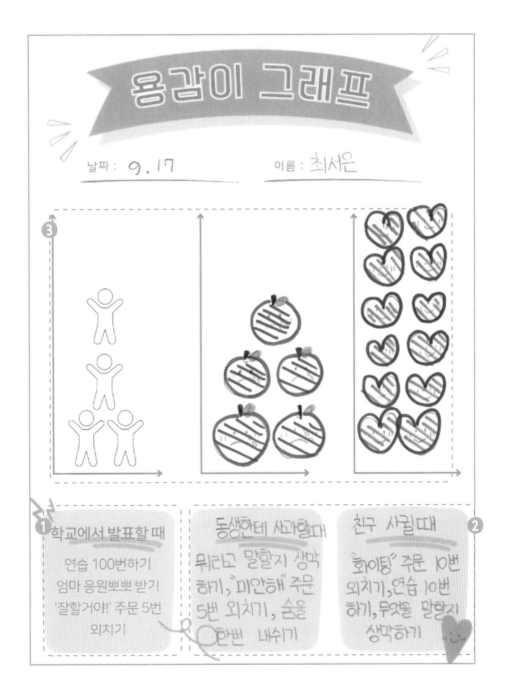

용감이 그래프

날짜 : 9. 17   이름 : 최서은

① 학교에서 발표할 때
연습 100번하기
엄마 응원뽀뽀 받기
'잘할거야!' 주문 5번
외치기

동생한테 사과할때
뭐라고 말할지 생각
하기, "미안해" 주문
5번 외치기, 숨을
○한쁜 내쉬기

친구 사귈때
"화이팅" 주문 10번
외치기, 연습 10번
하기, 무엇을 말할지
생각하기

① 용감이가 어떤 상황일 때 필요한지 질문해 주세요.

② 어떤 용감한 행동이 필요한지 쓸 수 있게 해 주세요.

③ 그 상황에서 용감이가 얼마나 필요한지도 물어봐 주세요. 그 다음에 용감이를 그리고 싶은
모양으로 그리게 해 주세요. 그냥 동그라미도 좋고, 하트 모양이나 캐릭터도 좋아요.

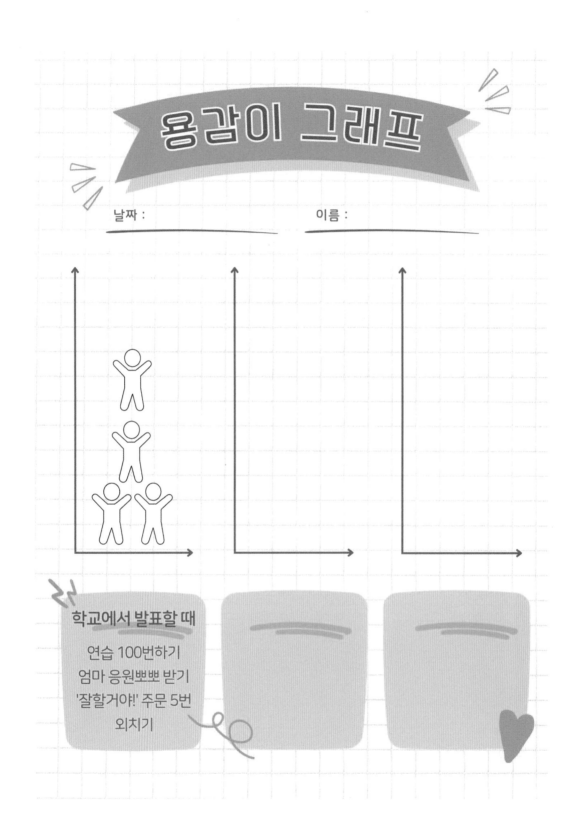

용감이 그래프

날짜 :

이름 :

학교에서 발표할 때

연습 100번하기
엄마 응원뽀뽀 받기
'잘할거야!' 주문 5번
외치기

나태평과 진지해

진수경 글·그림 | 천개의바람

모두에게 '처음'은 낯설고 두려운 순간입니다. 특히 첫 공교육기관인 초등학교를 입학하는 순간은 아이와 엄마에게 가장 어려운 '처음'이 아닐까 싶습니다. 초등학생으로, 또 워킹맘으로 모든 게 처음인 아이와 엄마의 고군분투 사회생활 적응기를 다룬 그림책입니다.

#입학 #입사 #사회생활적응기 #처음 #두려움 #공감대 #응원

문해력 목표		• 처음 시작할 때의 기분을 말할 수 있다. • 다른 사람에게 나의 경험을 말할 수 있다.
문해력 질문	독전	• '처음' 하면 떠오르는 것은 무엇이 있나요? • 처음 했던 것 중에 기억나는 것이 있나요? • 표지의 말풍선 속 '처음'은 어떤 상황을 말하는 걸까요? • 무언가를 처음 했을 때의 느낌은 어땠나요?
	독후	• 입학했을 때의 기분은 어땠나요? • 입학하고 많이 했던 실수가 있나요? • 실수했을 때 어떻게 했나요? • 학교생활을 잘할 수 있도록 동생들에게 꼭 해 주고 싶은 말은 무엇이 있나요?
문해력 활동지		○학년 사용 설명서
연계 도서		• 『학교 첫날인데…』, 김진미 글·그림, 봄볕 • 『너의 이야기를 들려줘』, 재클린 우드슨 글, 라파엘 로페스 그림, 한성희 옮김, 키즈엠 • 『다시 시작하는 너에게』, 유모토 가즈미 글, 하타 고시로 그림, 김숙 옮김, 북뱅크 • 『하나도 안 떨려!』, 주디스 비오스트 글, 소피 블랙올 그림, 서남희 옮김, 현암주니어 • 『길 떠나는 너에게』, 최숙희 글·그림, 책읽는곰 • 『시작해 봐! 너답게』, 피터 H. 레이놀즈 글·그림, 김지은 옮김, 웅진주니어

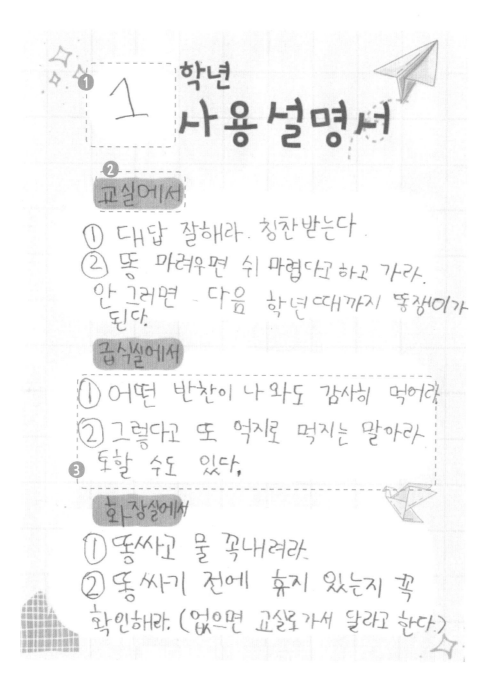

① **1** 학년
사용설명서

② 교실에서

① 대답 잘해라. 칭찬받는다.
② 똥 마려우면 쉬 마렵다고 하고 가라.
안 그러면 다음 학년 때까지 똥쟁이가
된다.

급식실에서

① 어떤 반찬이 나와도 감사히 먹어라
② 그렇다고 또 억지로 먹지는 말아라
③ 토할 수도 있다.

화장실에서

① 똥싸고 물 꼭내려라.
② 똥 싸기 전에 휴지 있는지 꼭
확인해라. (없으면 교실로 가서 달라고 한다.)

① 몇 학년은 아이들이 선택해서 쓸 수 있도록 해 주세요. 오늘 읽은 그림책과 연결된다면 더 좋겠지요?

② 사용설명서의 구분은 상황, 장소, 대상 등 아이의 생각을 더 많이 쓸 수 있는 것으로 골라서 쓸 수 있도록 해 주세요.

③ 사용 설명은 적어도 2개 정도는 쓸 수 있게 해 주세요.

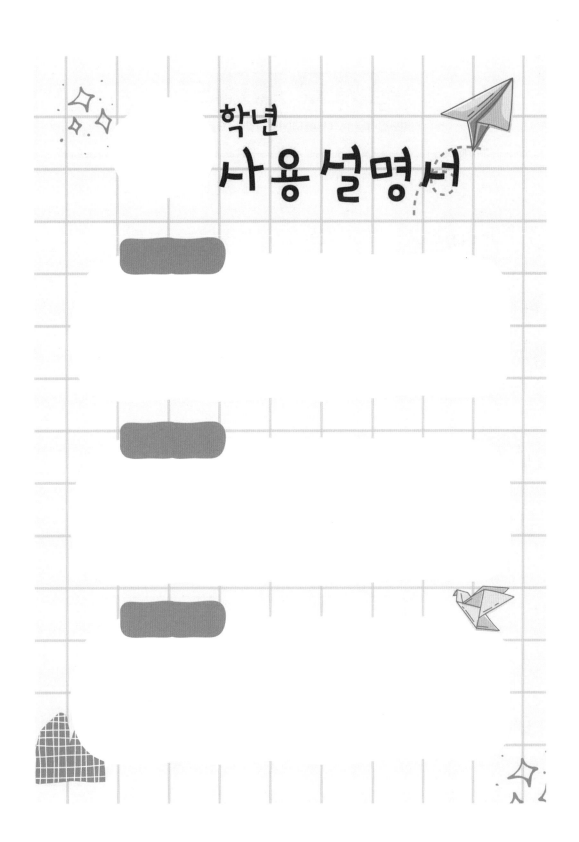

학년
사용 설명서

끝까지 제대로

다비드 칼리 글 | 안나 아파리시오 카탈라 그림 | 나무말미

카스파는 하고 싶은 것이 너무 많아서 끊임없이 마음을 바꿉니다. 어떨 때는 무언가를 끝내야 한다는 압박을 느끼기도 하지만, 하고 싶은 게 너무 많아서 뭐든 시작하기는 잘해요. 카스파는 어떤 일을 끝까지 해낼 수 있을까요?

우리는 살아가면서 수많은 일을 시작하지만 그중 많은 일을 끝맺지 못합니다. 어른으로 성장하기 위해 한 단계 넘어서야 할 마법을 이야기하는 그림책입니다.

#시작 #마무리 #끝맺음 #끝까지제대로 #호기심 #시도 #성장

문해력 목표		• 끝까지 완성하는 것에 대한 성취감을 경험한다. • 포기하지 않는 마음을 갖는다.
문해력 질문	독전	• '끝까지 제대로'라는 말은 무슨 뜻일까요? • 끝까지 제대로 해 본 것이 있나요? • 표지 속 그림에서 고릴라는 어떤 것을 해 봤을까요?
	독후	• 카스파가 무언가를 시작하고 마무리한 것이 있나요? • 카스파가 끝까지 제대로 했을 때의 기분이 어땠을까요? • 운동이나 악기를 배우기 시작하고 하루 만에 그만둔 적이 있나요? • 시작하고 가장 오랫동안 하고 있는 것은 무엇인가요?
문해력 활동지		끝까지 제대로!
연계 도서		• 『그래봤자 개구리』, 장현정 글·그림, 모래알(키다리) • 『딱 한 번만 더!』, 나오미 존스 글, 제임스 존스 그림, 김여진 옮김, 미운오리새끼 • 『김철수빵』, 조영글 글·그림, 봄볕 • 『홈런을 한 번도 쳐 보지 못한 너에게』, 하세가와 슈헤이 글·그림, 김소연 옮김, 천개의바람

① 그림의 반쪽을 똑같이 그려서 완성시킬 수 있도록 해 주세요.

② 단어를 완성할 수 있게 해 주세요. 끈~ , 바~는 정답이 없습니다.

③ 속담으로 문장 완성하기는 자신 있게 문장을 완성할 수 있도록 속담책을 읽도록 해 주세요.

끝까지 제대로!

날짜 :   이름 :

| 끈 | 바 | 무궁 |

| 열 번 찍어 | 다. |

| 콩 심은데 | 다. |

오싹오싹 크레용!

에런 레이놀즈 글 | 피터 브라운 그림 | 홍연미 옮김 | 토토북

어느 날 재스퍼는 길에서 보라색 크레용을 주웠어요. 크레용과 함께하니 공부를 싫어하는 재스퍼가 받아쓰기 100점, 수학 문제도 척척 풀었어요. 게다가 크레용이 갑자기 말을 걸기 시작하더니 재스퍼한테서 딱 붙어서 떨어지지 않아요. 버려도 버려도 다시 돌아오는 크레용! 재스퍼와 크레용의 두근두근 오싹오싹한 이야기가 펼쳐집니다.

#크레용 #오싹오싹 #스스로 #도전 #할수있어 #멋진내모습

문해력 목표		• 이야기를 읽으며 공감할 수 있다. • 문제를 해결하기 위한 다양한 방법을 생각해 볼 수 있다. • 스스로 하는 것과 도움을 받는 것에 대해 생각해 볼 수 있다.
문해력 질문	독전	• 표지 속 인물은 무엇을 하고 있나요? • 표지 속 인물의 감정은 어떠한가요? • '오싹오싹'한 감정을 느껴 본 적 있나요? • '오싹오싹'한 크레용은 어떤 크레용일까요?
	독후	• 토끼 재스퍼가 집에 가는 길에 발견한 것은 무엇이었나요? • 크레용으로 수학 쪽지 시험을 본 재스퍼는 어떻게 되었나요? • 보라색 글씨를 보고 재스퍼는 어떤 감정이 들었나요? • 크레용을 없애기 위해 재스퍼는 어떻게 했나요? • 새 친구를 만난 크레용은 어떻게 되었을까요? • 누군가에게 도움을 받는다면 어떤 기분일까요? 누군가에게 무엇이라고 말할까요? • 스스로 할 수 있는 것은 무엇이 있나요? • 무언가를 혼자의 힘으로 해냈을 때 어떤 기분일까요? • 도전하고 싶은 일이 있나요?
문해력 활동지		나는 멋진 ○○○이에요.
연계 도서		• 『오싹오싹 당근』, 에런 레이놀즈 글, 피터 브라운 그림 홍연미 옮김, 토토북 • 『오싹오싹 팬티』, 에런 레이놀즈 글, 피터 브라운 그림, 홍연미 옮김, 토토북 • 『간다아!』, 코리 R. 테이버 글·그림, 대교북스주니어 • 『마법의 빨간 공』, 마쓰오카 코우 글·그림, 황진희 옮김, 우리학교

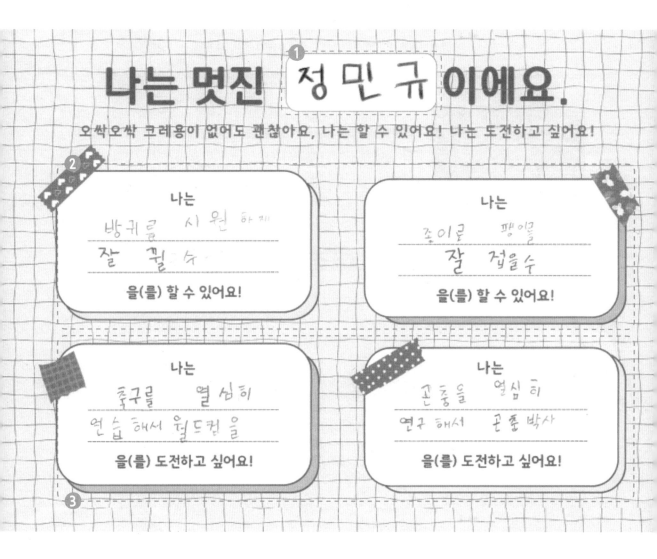

나는 멋진 **정 민 규** 이에요.

오싹오싹 크레용이 없어도 괜찮아요, 나는 할 수 있어요! 나는 도전하고 싶어요!

나는
방귀를 시원하게
잘 뀔수
을(를) 할 수 있어요!

나는
종이로 팽이를
잘 접을수
을(를) 할 수 있어요!

나는
축구를 열심히
연습해서 월드컵을
을(를) 도전하고 싶어요!

나는
곤충을 열심히
연구해서 곤충박사
을(를) 도전하고 싶어요!

❶ 아이의 이름을 써 주세요.

❷ 아이가 잘하는 것을 쓸 수 있도록 해 주세요.

❸ 아이가 도전하고 싶은 것을 쓸 수 있도록 해 주세요. 꼭 직업이나 꿈이 아니어도 괜찮아요. 일상생활 속에서
   도전해 볼 수 있는 것도 생각할 수 있게 도와주세요.(예: 시금치 먹기, 혼자 자기, 두 발 자전거 타기)

나는 멋진 [　　　　] 이에요.

오싹오싹 드래곤이 없어도 괜찮아요, 나는 할 수 있어요! 나는 도전하고 싶어요!

나는 _____
을(를) 할 수 있어요!

나는 _____
을(를) 도전하고 싶어요!

나는 _____
을(를) 할 수 있어요!

나는 _____
을(를) 도전하고 싶어요!

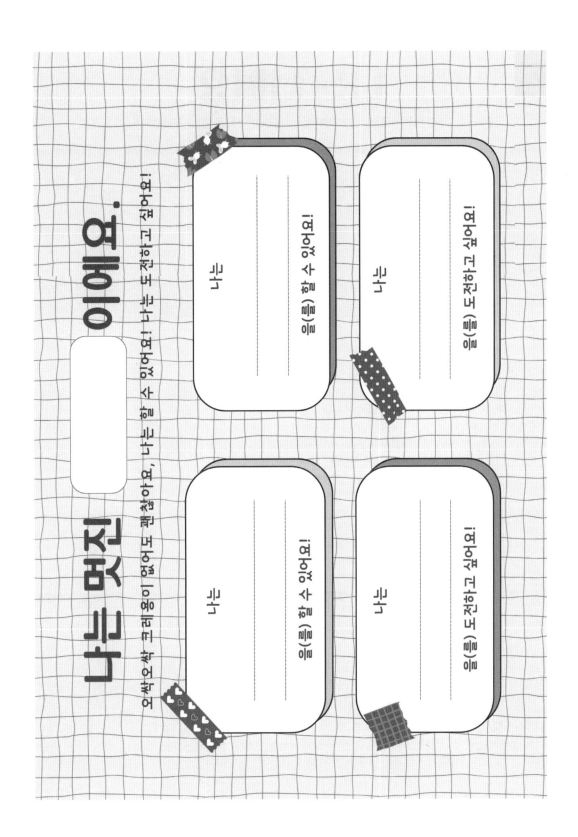

25

나는 나예요

수전 베르데 글 | 피터 H. 레이놀즈 그림 | 김여진 옮김 | 위즈덤하우스

우리 주변을 둘러보면 세상에 똑같은 것은 하나도 없습니다. 세상에 하나뿐인 '나'라서 특별합니다. 모두 달라서 모든 삶이 특별하고 아름다운 것입니다. 이 책은 자랑스러울 때도, 서툴고 부족할 때도 언제나 내 모습 이대로 소중한 존재라는 것을 일깨워 줍니다.

#나 #나는나 #나알기 #인정하기 #나다움 #당당함 #소중한존재 #사랑받는존재 #가치 #덕목

문해력 목표		• 내가 소중한 이유를 생각해 본다. • 나의 특별한 점을 찾을 수 있다. • 나를 행복하게 해 주는 가치를 찾을 수 있다.
문해력 질문	독전	• 표지의 친구는 어떤 기분일까요? • 주인공은 무엇을 하고 있을까요? • '나는 나예요.'라는 말은 무슨 뜻일까요? • '당당하게 산다는 건' 어떤 걸까요?
	독후	• 내가 소중한 이유는 무엇일까요? • 나의 특별한 점을 찾아본다면? • 나는 어떤 나라고 생각하나요? • 내가 가장 잘하는 것은? • 나는 무엇을 할 때 가장 행복한가요? • 내가 가장 중요하게 여기는 가치는? • 당당하게 세상을 살아가는 주문은 무엇일까요?
문해력 활동지		네임 텐트 만들기
연계 도서		• 『하나만 구할 수 있다면』, 린다 수 박 글, 로버트 세-헴 그림, 황유원 옮김, 웅진주니어 • 『구름 방귀 뿡뿡뿡』, 김용희 글·그림, 웅진주니어 • 『비밀 씨앗』, 이성자 글, 백주현 그림, 고래책빵 • 『천만의 말씀』, 스즈키 노리타케 글·그림, 김숙 옮김, 북뱅크

🍀 **문해력 톡톡** 활동지

부록 ❶번을 오려서 만들어 보세요.

5가지의 다양한 질문으로 칸을 채울 수 있도록 해 주세요. 질문은 정해져 있지 않아요.
나에 대해 잘 표현할 수 있는 질문이면 돼요.

평범한 식빵

종종 글·그림 | 그린북

다른 사람보다 특별한 재능도, 눈에 띄는 개성도 없어 속상한 평범이들이 있습니다. 사실 주목받는 몇몇을 제외한다면 우리 대다수가 그런 셈이죠. 그런 평범이들을 위로해 주고, 평범함의 소중한 가치를 발견하게 해 주는 못 말리게 귀여운 고민 많은 식빵이의 이야기를 담은 책입니다.

#나 #나다움 #평범함 #소중한나 #특별함 #개성 #샌드위치 #식빵 #장점

문해력 목표	• 평범함의 의미를 안다. • 나만의 개성이 담긴 식빵을 만들어 본다. • 나의 장점을 찾아본다.	
문해력 질문	독전	• 내가 좋아하는 빵은 어떤 것이 있나요? • 평범한 식빵이란 뭘까요? • 식빵으로 어떤 요리를 할 수 있을까요? • 내가 가장 좋아하는 식빵 요리는 무엇인가요? • 표지 속 식빵의 기분은 어때 보이나요? • 면지에 보이는 빵 이름은 무엇인가요?
	독후	• 평범한 식빵은 다른 빵들의 어떤 점을 부러워했나요? • 평범한 식빵은 어떻게 되었을까요? • 평범한 식빵의 좋은 점은 뭘까요? • 내가 빵이 된다면 어떤 빵이 되고 싶나요? • 나라면 어떤 식빵을 만들고 싶나요? • 내가 만든 특별한 식빵을 누구에게 주고 싶나요? • 내가 만든 식빵의 특별한 점은?
문해력 활동지	나만의 특별한 빵 만들기	
연계 도서	• 『나는 나의 주인』, 채인선 글, 안은진 그림, 토토북 • 『나는 빵점』, 한라경 글, 정인하 그림, 토끼섬 • 『식빵집』, 백유연 글·그림, 봄봄출판사 • 『식빵유령』, 윤지 글·그림, 웅진주니어 • 『탄빵』, 이나래 글·그림, 반달(킨더랜드) • 『빵도둑』, 시바타 케이코 글·그림, 황진희 옮김, 길벗어린이 • 『여섯 식빵 자매』, 사사키 미오 글·그림, 윤수정 옮김, 어썸키즈	

🍀 **문해력 톡톡 활동지**

부록 ❷번을 오려서 나만의 식빵을 꾸미고, 이름을 지어 보세요.

날짜 : 2022.09.10

이름 : 김수민

〈평범한 식빵〉으로
나만의 특별한 빵 만들기

식빵 위에 내가 올리고 싶은 재료를 올려서 나만의 특별한 빵을 만들어요.

빵 이름
똥글빵

날짜 : _____   이름 : _____

〈평범한 식빵〉으로
나만의 특별한 빵 만들기

식빵 위에 내가 올리고 싶은 재료를 올려서 나만의 특별한 빵을 만들어요.

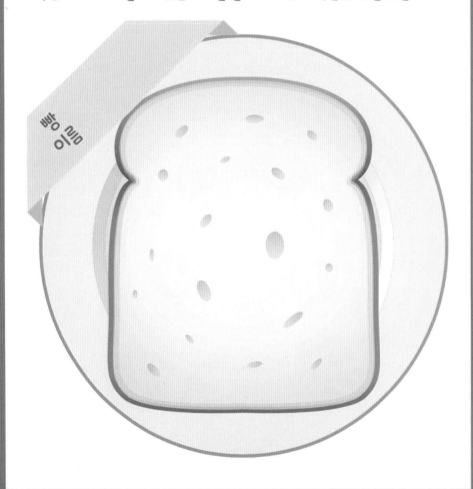

빵 이름

완두

다비드 칼리 글 | 세바스티안 무랭 그림 | 이주영 옮김 | 진선아이

꼬마 소년 완두의 하루하루는 아이들의 상상력을 자극합니다. 몸집은 작지만 언제나 씩씩하고 즐거운 완두의 모습에서 아이들은 자신을 있는 그대로 사랑하는 마음과 용기를 배워 갑니다. 잔잔한 감동과 즐거운 상상으로 재미와 사랑스러운 그림이 돋보이는 책입니다.

#자존감 #나다움 #용기 #씩씩함 #즐거움 #상상 #꿈 #진로 #다양성

문해력 목표		• 나를 있는 그대로 사랑하는 마음을 갖는다. • 나를 더 자세히 소개할 수 있다. • 내가 즐겁게 할 수 있는 일을 생각해 본다.
문해력 질문	독전	• 제목이 왜 완두일까요? • 표지 속 친구는 무엇을 하고 있을까요? • 표지 속 책이 큰 걸까요? 친구가 작은 걸까요?
	독후	• 완두가 좋아했던 것은 무엇이었나요? • 학교에서 늘 혼자였던 완두의 마음은 어땠을까요? • 완두는 학교에서 혼자 무엇을 하면서 시간을 보냈나요? • 혼자일 때 나는 무엇을 하나요? • 완두는 커서 어떤 직업을 갖게 되었나요? • 예술가가 된 완두에게 해 주고 싶은 말은 무엇인가요? • 내가 잘하는 것, 좋아하는 것은 무엇인가요?
문해력 활동지		나는 나 12
연계 도서		• 『거인이면 뭐 어때!』, 댄 야카리노 글·그림, 유수현 옮김, 소원나무 • 『작으면 뭐가 어때서!』, 마야 마이어스 글, 염혜원 그림·옮김, 비룡소 • 『울퉁불퉁 크루아상』, 종종 글·그림, 그린북 • 『아나톨의 작은 냄비』, 이자벨 카리에 글·그림, 권지현 옮김, 씨드북 • 『완두의 그림 학교』, 다비드 칼리 글, 세바스티앙 무랭 그림, 박정연 옮김, 진선아이 • 『브로콜리지만 사랑받고 싶어』, 별다름·달다름 글, 서영 그림, 키다리 • 『루빈스타인은 참 예뻐요』, 펩 몬세라트 글·그림, 이순영 옮김, 북극곰

질문	
1. 이름	7. 좋아하는 과자는?
2. 생일	8. 좋아하는 동물은?
3. 좋아하는 아이스크림은?	9. 무서워하는 것은?
4. 못 먹는 음식은?	10. 세상을 살아가면서 가장 필요한 것은?
5. 엄마가 해 주신 요리 중에서 가장 맛있는 음식은?	11. 나는 어떤 사람인가요?
6. 외식할 때 가장 좋아하는 메뉴는?	12. 최근에 읽었던 책 중에 가장 재미있었던 책은?

질문은 상황에 따라 바꾸어서 해 보세요.

나는 나

조용한 빵 가게

로사 티치아나 브루노 글 | 파올로 프로이에티 그림 | 이정자 옮김 | 이야기공간

시끄러운 마을에 어느 날 빵 가게 하나가 생겼습니다. 아주 조용한 빵 가게였지요. 회색 톤의 마을에 빵 가게만 도드라지게 화사한 색이 입혀져 있어요. 사람들은 이 빵 가게에서 잠시나마 맛있는 빵을 먹으며 휴식을 취합니다.

이렇게 맛있는 빵을 만드는 사람은 누구일까요? 코끼리 아저씨 지티 씨입니다. 그는 밀가루를 반죽할 때 아주 특별한 비밀 재료를 넣습니다. 시끄러운 사람들을 잠시 조용하게 만드는 지티 씨의 아주 특별한 비밀 재료는 과연 무엇일까요?

#나다움 #나 #이웃 #자신감 #소통 #다양성 #이해 #마음치유 #경청

문해력 목표		• 특별함에 대해 안다. • 내가 가진 특별함을 생각해 보고 말해 본다. • 상대방의 특별함을 찾아볼 수 있다.
문해력 질문	독전	• 표지에 있는 코끼리는 무얼 하고 있나요? • 조용한 빵 가게에서는 어떤 빵을 팔까요? • 왜 빵 가게 이름이 조용한 빵 가게일까요?
	독후	• 지티 씨가 빵을 만들 때 넣는 특별한 재료는 무엇이었나요? • '조용함'이 들어간 빵은 어떤 맛일까요? • 지티 씨의 특별한 점을 무엇이라고 생각하나요? • 지티 씨가 받은 선물은 무엇이었을까요? • 나라면 지티 씨에게 어떤 선물을 주었을까요? • 나의 특별한 점은 무엇인가요? • 나에게 내가 주고 싶은 선물은 무엇인가요?
문해력 활동지		나다운 빵 가게
연계 도서		• 『어떤 하루』, 장순녀 글·그림, 봄개울 • 『산타 할머니』, 진수경 글·그림, 봄개울 • 『안녕? 나의 핑크 블루』, 소이언 글, 윤정미 사진, 우리학교 • 『메리는 입고 싶은 옷을 입어요』, 키스 네글리 글·그림, 노지양 옮김, 원더박스 • 『디스코 파티』, 프라우케 앙엘 글, 율리아 뒤르 그림, 김서정 옮김, 봄볕 • 『줄무늬가 생겼어요』, 데이빗 섀논 글·그림, 조세현 옮김, 비룡소

어서오세요.
승규
나다운 빵 가게 입니다.

날짜: 2023.9.25   이름: 강승규

나의 특별함: 잘 먹는다.
빵 이름: 냠냠 케이크

나의 특별함: 잘 도전함.
빵 이름: 도전 프레첼

나의 특별함: 운동을 잘한다.
빵 이름: 튼튼 소라빵

나의특별함: 똥을 잘쌈.
빵이름: 뿌지직빵

❶ 내가 잘하는 것을 찾아볼 수 있도록 예시를 들며 질문해 주세요.(예: 잠을 잘 잔다. / 골고루 잘 먹는다. / 인사를 잘한다.)

❷ 빵 이름은 특별함이 드러나도록 흉내 내는 말을 사용해서 만들어 볼 수 있도록 해 주세요.

어서오세요.
나다운 빵 가게 입니다.

날짜 :   이름 :

나의 특별함 :
....

빵 이름 :
....

나의 특별함 :
....

빵 이름 :
....

나의 특별함 :
....

빵 이름 :
....

나의 특별함 :
....

빵 이름 :
....

엄지 척

이은혜·이신혜 글·그림 | 북극곰

아기 곰 웅이는 놀고 싶습니다. 하지만 집에 손님이 오시기로 해서, 바쁜 엄마는 웅이를 쳐다볼 새도 없어요. 이제 심심한 웅이는 엄마를 도와주려고 해요. 과연 아기 곰 웅이는 엄마를 잘 도와드릴 수 있을까요?

#엄지척 #칭찬 #엄마도와주기대작전 #사랑표현

문해력 목표		• '엄지 척'의 의미를 알 수 있다. • 우리 가족의 칭찬할 만한 점을 찾아본다. • 칭찬받았을 때의 기분을 표현할 수 있다.
문해력 질문	독전	• 주인공 기분은 어때 보이나요? • '엄지 척'이란 말을 언제 쓰나요? • '엄지 척'을 언제 받아 봤나요? • '엄지 척'을 해 준 적이 있나요? • '엄지 척'을 해 줬을 때 기분은 어떤가요? • '엄지 척'을 받았을 때 기분은 어떤가요?
	독후	• 웅이는 엄마를 돕기 위해 어떤 일을 했나요? • 웅이의 행동을 보고 엄마는 어떤 마음이었을까요? • 내가 해 본 집안일은 어떤 것이 있나요? • 칭찬을 들었을 때의 기분은 어떤가요? • 우리 가족의 칭찬할 점을 찾아볼까요?
문해력 활동지		칭찬 배지 만들기
연계 도서		• 『똥이랑 열두 띠 동물』, 4차원 기획, 김정훈 그림, 개똥이책 • 『칭찬 받고 싶어요!』, 레베카 패터슨 글, 메리 리스 그림, 노은정 옮김, 미래아이(미래M&B) • 『오늘은 칭찬 받고 싶은 날!』, 제니퍼 K. 만 글·그림, 양병헌 옮김, 라임 • 『칭찬 먹으러 가요』, 고대영 글, 김영진 그림, 길벗어린이

🍀 문해력 톡톡 활동지

부록 ❸번을 오려서 만들어 보세요.

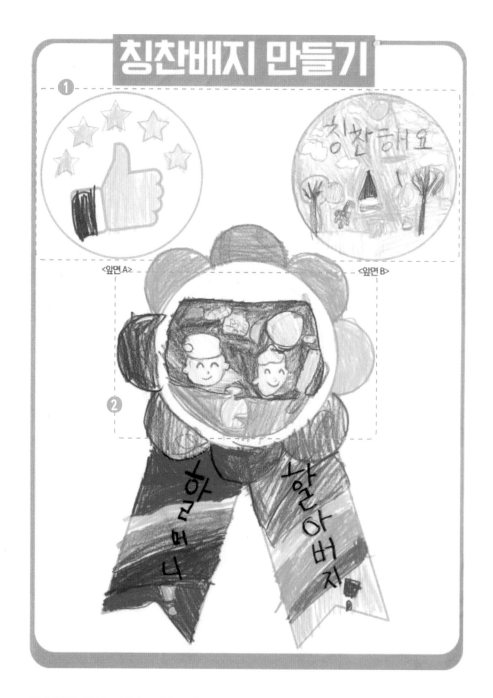

칭찬배지 만들기

❶ 칭찬할 내용을 적거나 그림을 그리도록 해 주세요.

❷ 칭찬 배지를 달아 주고 싶은 사람을 정해서 그림을 그리고 칭찬의 메시지도 써 보세요.

앞면 A 또는 B 중에 하나를 선택해서 빗금 위에 붙여 주세요.

어서 와요, 달평 씨

신민재 글·그림 | 책읽는곰

콩이네 집은 오늘도 난장판입니다. 엄마 아빠가 집안일 때문에 말다툼을 벌인 그날 밤이었어요. "엄마!" 하고 불렀더니 그림자는 연기처럼 사라져 버렸지요. 다음날부터 콩이네 집에서 이상한 일이 일어나기 시작했어요. 도대체 누가 어떤 일을 해 놓은 걸까요?

#달팽이 #집안일 #우렁각시 #인내 #가족의변화 #가족

문해력 목표	• 우리 가족에게 필요한 것을 찾아본다. • 함께 행복할 수 있는 방법을 찾아본다. • 우리 가족을 위한 가족 쿠폰을 만들 수 있다.	
문해력 질문	독전	• 달평 씨는 누구일까요? • 누가 달평 씨에게 "어서 와요."라고 했을까요? • 달팽이는 무엇을 하려고 빨간 장갑을 끼고 있는 걸까요? • 우리 집에서 집안일을 누가 하나요? • 식구들과 집안일을 함께 해 본 적이 있나요?
	독후	• 콩이네 가족은 집안일은 어떻게 나누었나요? • 내가 할 수 있는 집안일은 뭘까요? • 내가 엄마(아빠)가 된다면 어떤 일을 부탁하고 싶나요? • 아빠(엄마)가 집안일을 하게 된 계기는 무엇이었나요? • 달평 씨는 왜 콩이네 집을 떠나게 되었나요? • 우리 가족이 행복할 수 있는 쿠폰은 어떤 것이 있을까요? • 집안일은 어떻게 해야 가족이 행복할까요?
문해력 활동지	달평 쿠폰	
연계 도서	• 『우렁각시』, 김용철 글·그림, 길벗어린이 • 『두루미 아내』, 야가와 수미코 글, 아카바 수에키치 그림, 김난주 옮김, 비룡소 • 『돼지책』, 앤서니 브라운 글·그림, 허은미 옮김, 웅진주니어 • 『집안일이 뭐가 힘들어』, 완다 가그 글·그림, 신현림 옮김, 다산기획 • 『고양이 손을 빌려드립니다』, 김채완 글, 조원희 그림, 웅진주니어	

🍀 문해력 톡톡 활동지

부록 ❹번을 오려서 만들어 보세요.

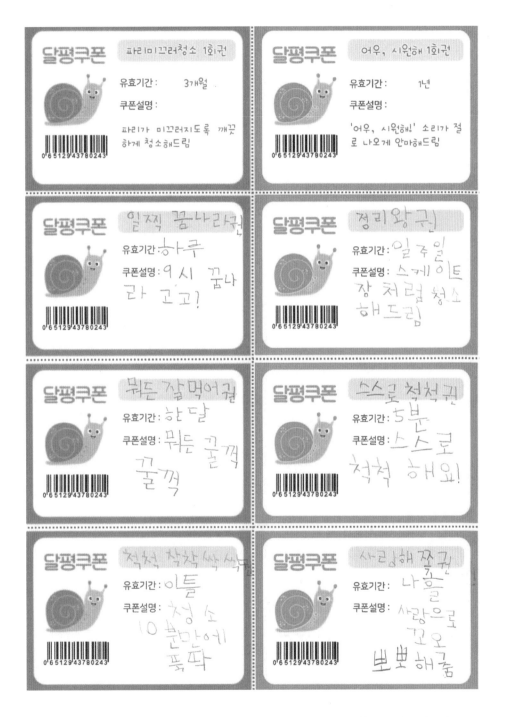

우리 가족의 행복을 위해 할 수 있는 것들을 생각해 보고 쿠폰으로 만들어 볼 수 있게 도와주세요.

우리 가족 말 사전

김성은 글 | 이명환 그림 | 봄개울

가족끼리 통하는 사랑의 한마디, 모두 다 아는 보편적인 말이 아닌 가족끼리만 통하는 말이 있습니다. 가족이 오랫동안 함께 살면서 자주 쓰다 보니 너무나 자연스러운 말입니다. 다른 사람은 잘 모르지만, 가족끼리 통하는 뜻이 담겨 있는 우리 가족이 쓰는 말을 모아서 사전처럼 만든 그림책입니다.

#우리가족말 #가족사전 #가족의역사 #가족의추억 #시간여행 #암호

문해력 목표		• 우리 가족의 일상 대화를 살펴본다. • 우리 가족끼리 통하는 말이 있는지 찾아본다. • 우리 가족끼리 통하는 말 사전을 만들어 본다.
문해력 질문	**독전**	• 사전을 사용해 본 적이 있나요? • 우리 가족 말 사전이란 무슨 뜻일까요? • 우리 가족 말 사전에는 어떤 말이 담겨 있을까요? • 표지 속 가족들이 가지고 있는 물건은 무엇일까요? • 표지 속 가족들이 물건을 가지고 있는 이유는 무엇일까요?
	독후	• 책 속 아이의 태명은 무엇이었나요? • 내가 엄마 뱃속에 있을 때의 이름은? • 책 속 가족들은 사진 찍을 때 뭐라고 말했나요? • 우리 가족은 사진 찍을 때 뭐라고 하나요? • 우리 가족끼리 통하는 말은 뭐가 있나요?
문해력 활동지		우리 가족 말 사전
연계 도서		• 『초록 거북』, 릴리아 글·그림, 킨더랜드 • 『토라지는 가족』, 이현민 글·그림, 고래뱃속 • 『커다란 포옹』, 제롬 뤼예 글·그림, 명혜권 옮김, 달그림 • 『근사한 우리 가족』, 로랑 모로 글·그림, 박정연 옮김, 로그프레스 • 『우리 가족이야』, 윤여림 글, 윤지회 그림, 토토북

내가 만든 말 사전

날짜 : 2023. 8. 10
이름 : 김도현

사전
말을 모아서 찾기 쉽게 일정한 차례로 벌여 놓고 하나하나 그 발음, 뜻, 용법 등을 풀이한 책
例 국어 사전, 比 사서

딸기
예쁜 모습으로 사진찍을 때 이렇게 말해요.

❶ 까꿍
엄마가 나를 달래 줄 때 하는 말.

방구
동생이 엄마 배 속에 있을 때 우리가 불렀던 이름이에요.

❷ 도담
건강하고 예쁘게 자라라고 불러싰던 이름.

김치볶음밥
예쁜 모습으로 사진 찍을 때.

❶ 그 말을 어떤 상황에서 사용하는지 설명해 주세요.

❷ 우리 가족이 쓰는 특별한 말을 써 주세요.

내가 만든 말 사전

사전
말을 모아서 찾기 쉽게 일정한 차례로 벌여 놓고 하나하나 그 발음, 뜻, 용법 등을 풀이한 책
예 국어 사전, 📖 사서

딸기
예쁜 모습으로 사진찍을 때 이렇게 말해요.

방구
동생이 엄마 배 속에 있을 때 우리가 불렀던 이름이에요.

날짜:
이름:

위대한 가족

윤진현 글·그림 | 천개의바람

아빠, 엄마, 큰형, 누나, 작은형, 그리고 나, 우리 가족은 이렇게 다섯 식구입니다. 우리 가족은 각자 위대해요. 위대한 아빠는 힘이 세고, 위대한 엄마는 슈퍼우먼이고, 위대한 큰형은 권투를 잘하고, 위대한 누나는 춤을 잘 추며, 위대한 작은형은 그림을 잘 그려요. 나는요? 글쎄요! 나는 무엇을 잘할까요? 다른 가족들처럼 위대할까요?

#가족 #위대함 #개성 #배려 #인정 #사랑 #존중 #이해 #가족사랑

문해력 목표		• 가족을 생각하는 마음을 키울 수 있다. • 가족의 특징을 알 수 있다. • 우리 가족이 화목하게 지낼 수 있는 방법을 찾아본다.
문해력 질문	독전	• 가족 앞에 붙일 수 있는 꾸밈말은? • 위대하다는 것은 어떤 뜻일까요? • 동물 가족을 왜 위대하다고 할까요?
	독후	• 동물 가족은 어떤 특징이 있나요? • 위대한 가족은 왜 함께 있는 게 귀찮을까요? • 따로따로 지낸 가족들은 어떻게 지냈나요? • 가족이 함께 행복하게 지내려면 어떻게 해야 할까요? • 위대한 가족처럼 함께 잘 살아가려면 어떻게 해야 할까요? • 나는 화목한 가족을 위해 어떤 노력을 할 수 있을까요? • 우리 가족들은 어떤 동물을 닮았나요? • 어떤 특징이 있나요? • 우리 가족에게 하고 싶은 말은 무엇인가요?
문해력 활동지		우리 가족을 소개합니다
연계 도서		• 『불곰에게 잡혀간 우리 아빠』, 허은미 글, 김진화 그림, 여유당 • 『대단한 무엇』, 다비드 칼리 글, 미겔 탕코 그림, 김경연 옮김, 문학동네 • 『우리 가족입니다』, 이혜란 글·그림, 보림 • 『우리 가족 만나볼래?』, 율리아 쾰름 글·그림, 후즈갓마이테일 • 『우리는 보통 가족입니다』, 김응 글, 이예숙 그림, 개암나무 • 『우리는 가족』, 마리아나 페레스 두아르테 글, 누리아 디아스 그림, 문주선 옮김, 키다리 • 『우리는 가족이에요』, 박종진 글, 혜경 그림, 키즈엠

부록 **5**번을 오려서 만들어 보세요.

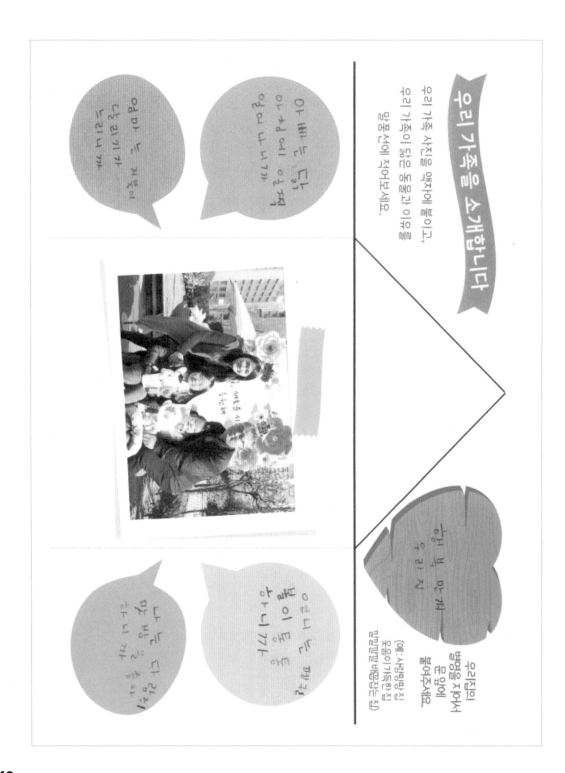

화가 호로록 풀리는 책

신혜영 글 | 김진화 그림 | 위즈덤하우스

화는 자신을 지키려는 아주 자연스럽고 당연한 감정이에요. 우리는 매일매일 화가 나는 순간들을 만나게 되지요. 화는 나에게 불쾌하고 위험한 일이 벌어진 걸 알리는 신호와 같아요. 그런데 많은 사람이 화를 부정적으로 생각하고 참아야 한다고 생각해요. 애써 참으려 하지 말고 화를 제대로 표출해야 한다는 것을 알려 주는 그림책입니다.

#화 #감정표현 #자연스런감정 #화푸는방법

문해력 목표		• 화가 났을 때를 떠올려 본다. • 왜 화가 났는지 생각해 본다. • 나만의 화 푸는 방법이 무엇인지 말해 본다.
문해력 질문	**독전**	• 언제 화가 나나요? • 최근에 화가 났던 적이 있었나요? • 화가 났을 때 어떻게 했나요?
	독후	• 주인공이 화가 났던 일은 어떤 일인가요? • 주인공은 화가 나서 어떻게 했나요? • 나는 화가 나면 무엇으로 변신하나요? • 내가 화났을 때 주인공처럼 해 보고 싶은 것은 무엇인가요? • 나만의 화를 푸는 방법은 무엇이 있나요?
문해력 활동지		화 풀기 방법을 알려 드립니다!
연계 도서		• 『불 뿜는 용』, 라이마 글·그림, 김금령 옮김, 천개의바람 • 『내 안에 공룡이 있어요!』, 다비드 칼리 글, 세바스티앙 무랭 그림, 박정연 옮김, 진선아이 • 『나 진짜 화났어!』, 폴리 던바 글·그림, 김효영 옮김, 비룡소 • 『화를 낼까? 화를 풀까?』, 마더 컴퍼니 글·그림, 미술연필 옮김, 보물창고 • 『불만 도깨비가 펑!』, 와타나베 유이치 글·그림, 우민정 옮김, 길벗어린이

화 풀기 방법을 알려드립니다!

화가 날 때 어떻게 하면 좋을까요? 화가 풀리는 방법을 소개해주세요.

탕후루를 먹으면 화가 풀려요.

바나나를 먹으면 화가 풀려요.

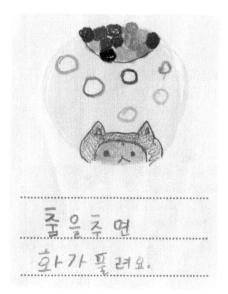

춤을 추면 화가 풀려요.

아이스크림을 먹으면 화가 풀려요.

화 풀기 방법을 알려드립니다!

화가 날 때 어떻게 하면 좋을까요? 화가 풀리는 방법을 소개해주세요.

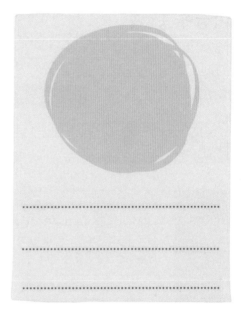

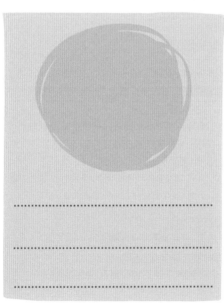

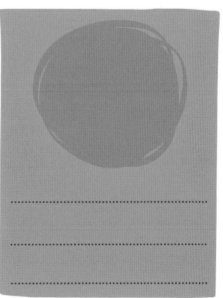

마음이 퐁퐁퐁

김성은 글 | 조미자 그림 | 천개의바람

퐁퐁이는 세상을 만날 때마다 자기 마음을 주었습니다. 이런, 어쩌죠? 어느새 퐁퐁이 마음이 다 없어져 버린걸요. 괜찮아요! 마음은 아무리 주어도 줄어들거나 없어지지 않아요. 어느새 퐁퐁퐁 차오른답니다.

#마음 #퐁퐁퐁 #샘물 #행복 #기쁨 #여행 #친구 #배려 #세상

문해력 목표	• 마음을 나눈다는 것의 의미를 알 수 있다. • 나의 주변 인물에게 마음을 표현할 수 있다. • 마음나눔의 행복을 느낄 수 있다. • 마음 퍼즐을 완성할 수 있다.	
문해력 질문	독전	• 퐁퐁퐁 하면 무엇이 떠오르나요? • 꽃향기를 맡고 있는 주인공은 어떤 말을 할까요? • 꽃향기를 맡으면 기분이 어떨까요? • '마음이 퐁퐁퐁'은 어떤 뜻일까요? • 퐁퐁퐁 솟아오르는 마음은 어떤 마음일까요?
	독후	• 퐁퐁이는 꽃에게 어떤 마음을 주었을까요? • '마음을 준다.'는 건 무슨 뜻일까요? • 누구에게 어떤 마음을 나누어 주고 싶나요? • 세상 구경을 갔다 온 퐁퐁이는 "세상은 반짝반짝 빛나고 팔랑팔랑 춤추고 방울 소리처럼 맑다."고 했어요. 내가 생각하는 세상은 어떤 모습인가요? • 퐁퐁이가 바다로 갔을 때 어떤 일이 생길까요?
문해력 활동지	내 마음이 퐁퐁퐁	
연계 도서	• 『웃음이 퐁퐁퐁』, 김성은 글, 조미자 그림, 천개의바람 • 『병아리』, 소야 키요시 글, 하야시 아키코 그림, 김난주 옮김, 한림출판사 • 『행복한 네모 이야기』, 마이클 홀 글·그림, 글박스 옮김, 상상박스 • 『기쁨이 파도처럼 밀려와요』, 코슈카 글, 소피 북솜 그림, 김영신 옮김, 한울림어린이 • 『걱정 상자』, 조미자 글·그림, 봄개울 • 『넌 뭐가 좋아?』, 하세가와 사토미 글·그림, 김숙 옮김, 민트래빗 • 『마음먹기』, 자현 글, 차영경 그림, 달그림	

내 마음이 '행복'하려면 무엇이 필요할지 생각하고 쓸 수 있도록 해 주세요.

풍풍풍 내 마음이

내 마음이 _____ 하려면?

좋아, 싫어 대신 뭐라고 말하지?

송현지 글 | 순두부 그림 | 이야기공간

"좋아." 말고 뭐라고 말할 수 있을까요? "싫어." 말고 뭐라고 말할 수 있을까요? 초등학생 승규의 하루 속에 쏙쏙 담긴 "좋아.", "싫어."를 대신할 다양한 어휘를 배워 볼 수 있는 재미나는 감정 공부 그림책입니다.

#좋아 #싫어 #감정 #감정표현 #감정공부 #기분 #다양한감정

문해력 목표		• 다양한 감정 표현에 대해 안다. • "좋아.", "싫어." 대신에 쓸 수 있는 말들을 생각해 보고 표현해 본다.
문해력 질문	독전	• "좋아.", "싫어."를 대신할 수 있는 말은 무엇이 있을까요? • 표지 세 칸에 있는 그림 속 친구는 뭐라고 말하고 있을까요?
	독후	• 승규는 언제 뿌듯하다고 느꼈나요? • 새 신발을 신고 학교에 가다가 개똥을 밟으면 기분이 어떨까요? • 받아쓰기 시험에서 100점을 맞으면 기분이 어떨까요? • 점심시간에 내가 좋아하는 반찬이 나오면 기분이 어떤가요? • 점심시간에 내가 못 먹는(싫어하는) 반찬이 나오면 기분이 어떤가요? • 오늘 나의 기분을 "좋아."나 "싫어." 대신 말해 본다면?
문해력 활동지		좋아, 싫어 말 뽑기
연계 도서		• 『아홉 살 마음 사전』, 박성우 글, 김효은 그림, 창비 • 『감정에 이름을 붙여 봐』, 이라일라 글, 박현주 그림, 파스텔하우스 • 『기분을 말해 봐!』, 앤서니 브라운 글·그림, 홍연미 옮김, 웅진주니어 • 『일기쓰기 재미사전 날씨/감정 편』, 송현지 글, 현서쓰고그리다 그림, 고래책빵 • 『오늘 내 마음은…』, 마달레나 모니스 글·그림, 열린어린이 • 『기분 가게』, 도키 나쓰키 글·그림, 김숙 옮김, 주니어김영사 • 『세상에서 가장 힘이 센 말』, 이현정 글, 이철민 그림, 김성미 꾸밈, 달달북스

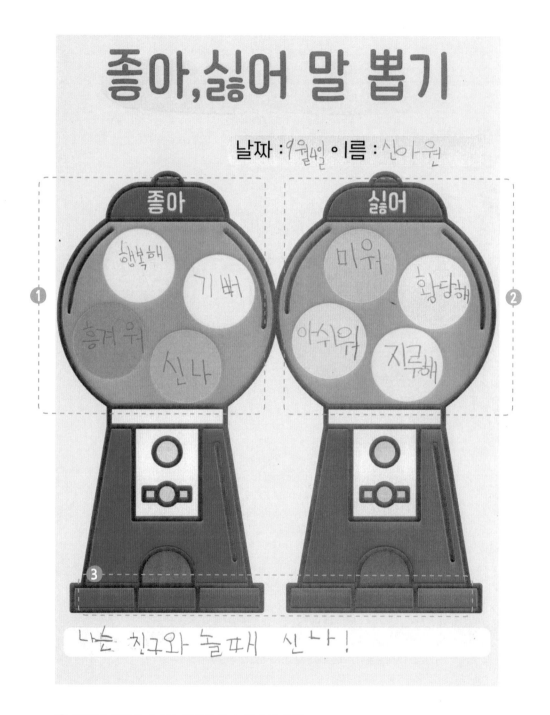

좋아, 싫어 말 뽑기

날짜 : 9월 4일 이름 : 신아원

좋아
행복해
기뻐
즐거워
신나

싫어
미워
황당해
아쉬워
지루해

나는 친구와 놀 때 신나!

① "좋아." 대신 할 수 있는 말들을 쓸 수 있게 해 주세요.

② "싫어." 대신 할 수 있는 말들을 쓸 수 있게 해 주세요.

③ "좋아." 또는 "싫어." 대신 할 수 있는 말을 넣어서 짧은 문장을 만들어 보세요.

좋아, 싫어 말 뽑기

날짜 :　　　이름 :

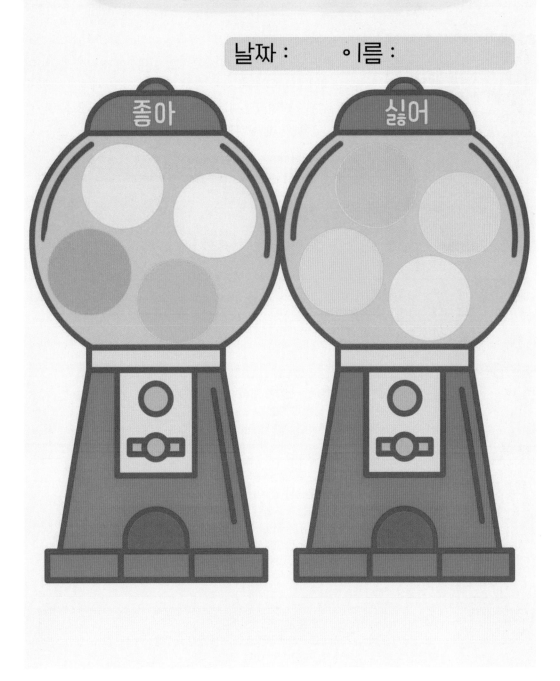

임금님 귀는 토끼 귀

이은혜·이신혜 글·그림 | 북극곰

돼지 임금님이 너무 더워서 물통의 물을 머리에 뒤집어씁니다. 그런데 그 물을 퍼 온 우물에는 다음과 같은 주의사항이 적혀 있습니다. "주의! 길어집니다." 이제 토끼 귀가 된 돼지 임금님에게는 어떤 일이 벌어질까요? 『임금님 귀는 토끼 귀』는 옛이야기 『임금님 귀는 당나귀 귀』를 패러디한 아주 통쾌한 그림책입니다.

#임금님 #귀 # 돼지 #토끼귀 #왕관 #신라경문왕 #패러디 #상상

문해력 목표		• 패러디에 대해 알 수 있다. • 원작과 패러디 이야기를 비교할 수 있다. • 다양하고 재미있는 상상을 할 수 있다. • 주인공의 감정 변화를 알 수 있다.
문해력 질문	독전	• 임금님 귀는 왜 토끼 귀일까요? • 제목을 보고 떠오르는 생각이 있나요? • 표지 속 인물은 누구일까요? • 표지 속 인물이 머리에 쓰고 있는 것은 무엇일까요?
	독후	• 임금님이 우물에 간 이유는 무엇인가요? • 우물에 있던 경고문은 어떤 내용이었나요? • 잠을 자고 일어난 임금님에게 어떤 일이 있어났나요? • 왕관 장수가 임금님을 보고 놀란 이유는 무엇인가요? • 왕관 장수가 임금님 귀가 토끼 귀인 것을 말하지 않는 대신 어떻게 했나요? • 임금님은 토끼 귀인 것을 말하고 어떤 기분이었을까요? • 임금님이나 왕관 장수의 감정이 상황에 따라 어떻게 변했나요?
문해력 활동지		○○의 감정 징검다리
연계 도서		• 『임금님 귀는 당나귀 귀』, 노인경 글·그림, 문학동네 • 『아기 돼지 세 마리』, 데이비드 위즈너 글·그림, 이옥용 옮김, 마루벌 • 『임금님 엄지척』, 이은혜·이신혜 글·그림, 이루리북스 • 『다섯 개의 왕관』, 박은미 글·그림, 소년한길

① 왕관장수 _____ 의

감정 징검다리

상황에 따른 인물의 감정을 따라가 보세요.

②

조급함

두려움

미안함

자신감

훈련함

황당함

답답함

날짜 : 2023. 1. 25

이름 : 이설온

① 왕관 장수 또는 임금님 중에 선택해서 써 주세요.

② 선택한 대상의 감정을 이야기의 흐름에 따라 적어 보세요.

_____ 의

감정 징검다리

상황에 따른 인물의 감정을 따라가 보세요.

날짜 :

이름 :

최고의 차

다비드 칼리 글 | 세바스티앙 무랭 그림 | 바람숲아이 옮김 | 봄개울

자끄 아저씨는 낡고 자그마한 자동차를 타다가 세련되고 멋진 최고의 차 '비너스' 광고판을 보게 됩니다. 아저씨는 비너스를 살 궁리를 하다가 집에서 쉽게 돈을 벌 수 있는 부업을 시작합니다. 과연 자끄 아저씨는 부업으로 비너스를 가질 수 있을까요? 비너스를 사기만 하면 진정 행복할까요?

#최고의차 #자동차 #부업 #욕구충족 #진정한행복 #소비 #포기 #선택 #계획

문해력 목표		• 최고의 의미를 생각해 볼 수 있다. • 행복의 의미를 알 수 있다. • 행복을 주는 차를 디자인해 볼 수 있다.
문해력 질문	독전	• 최고의 차는 어떤 차일까요? • 표지에 있는 차의 이름은 무엇일까요? • 표지에 있는 차는 어떤 점이 최고일까요? • 표지에서 차를 보고 있는 사람은 누구일까요? • 내가 알고 있는 차의 종류는?
	독후	• 최고의 차는 어떤 차였나요? • 자끄 아저씨는 최고의 차를 갖고 행복했을까요? • 어떤 차가 최고의 차라고 생각하나요? • 어떤 차가 있으면 행복할까요? • 내가 생각하는 행복이란? • 내가 차를 디자인한다면?
문해력 활동지		최고 행복한 차
연계 도서		• 『행복을 나르는 버스』, 맷 데 라 페냐 글, 크리스티안 로빈슨 그림, 김경미 옮김, 비룡소 • 『행복한 청소부』, 모니카 페트 글, 안토니 보라틴스키 그림, 김경연 옮김, 풀빛 • 『고무줄은 내 거야』, 요시타케 신스케 글·그림, 유문조 옮김, 위즈덤하우스 • 『행복을 파는 남자』, 구사바 가즈히사 글, 헤이안자 모토나오 그림, 김지연 옮김, 책과콩나무 • 『행복은 어떤 맛?』, 쓰지 신이치 글, 모리 마사유키 그림, 송태욱 옮김, 너머학교

날짜 2023. 17. 2   이름 장유진

내가 생각하는 '최고 행복한 차'는?

내 차의 어울리는 멋진 이름과 특별한 능력을 생각해 보자.

차 이름 ▷ 드림 냥 카🐾

능력 ▷ 2층이고, 와이파이가있다.
해중이 못들어오게 보안시스템
되있고, 마당이 있다.
고양이의 귀여움도 볼수있다.

날짜 _____ 이름 _____

내가 생각하는 '최고 행복한 차'는?

내 차의 어울리는 멋진 이름과 특별한 능력을 생각해 보자.

차 이름

능력

이게 정말 천국일까?

요시타케 신스케 글·그림 | 고향옥 옮김 | 주니어김영사

돌아가신 할아버지의 빈자리로 허전해하던 아이는 특별한 공책을 읽으며 웃음을 되찾습니다. 이 공책은 생전에 할아버지가 천국을 상상하며 쓴 글과 그림으로 가득 차 있습니다. 아이들에게 천국이라는 무한 상상의 공간을 선물해 주는 동시에 지금 살고 있는 '오늘'의 중요성도 함께 생각해 보게 하는 그림책입니다.

#할아버지 #그리움 #천국 #천국상상 #사후세계 #죽음 #상상의공간 #오늘

문해력 목표		• 천국은 어떤 곳일까 상상해 볼 수 있다. • 지금의 소중함을 안다.
문해력 질문	독전	• 표지 속 두 인물의 관계는? • 무엇을 하고 있나요? • 표지를 보고 이야기를 상상해 볼까요? • 할아버지와 어떤 추억이 있나요? • 천국이 있을까요? • 천국은 어떤 곳일까요?
	독후	• 내가 다시 태어나면 무엇이 되고 싶니? • 지금 옆에 있는 친구를 칭찬해 준다면? • 내가 천국에 가게 되면 꼭 가지고 가고 싶은 것은? • 내가 지금 꼭 해 보고 싶은 것은?
문해력 활동지		천국 가방 싸기
연계 도서		• 『그리움은 슬픈 거예요?』, 임수정 글, 김혜원 그림, 한솔수북 • 『옥춘당 그림책』, 고정순 글·그림, 길벗어린이 • 『다시 만나는 날』, 수 림 글, 그레구아르 마비르 그림, 양진희 옮김, 한림출판사 • 『풍경편지』, 이채린 글, 김규희 그림, 옐로스톤 • 『뿌쑝뿌쑝 우주여행』, 김유강 글·그림, 오올 • 『열무와 할머니』, 정문주 글·그림, 딸기책방

부록 ❻번을 오려서 만들어 보세요.

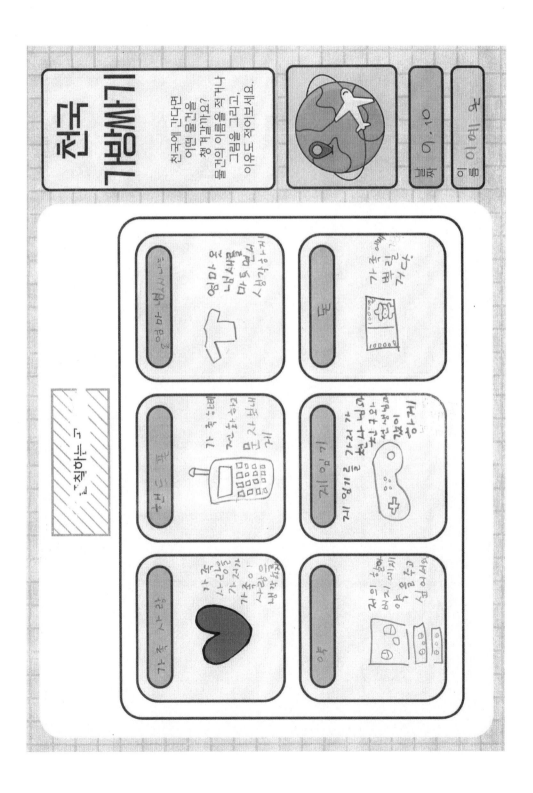

부록 ❻번에 있는 그림들을 오려서 천국 가방을 꾸며 주세요.

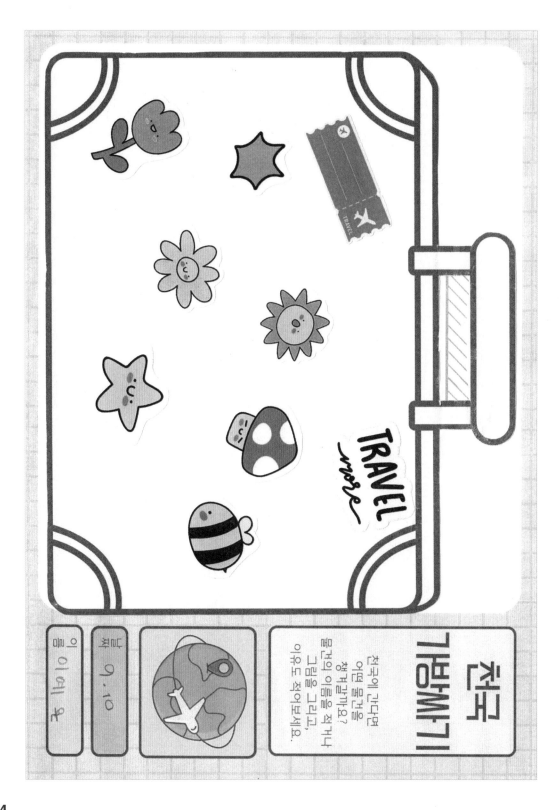

천국 가방싸기

천국에 간다면
어떤 물건을
챙겨갈까요?
물건의 이름을 적거나
그림을 그리고,
이유도 적어보세요.

날짜 9. 10

이이에 옹

고마움이 곧 도착합니다

엘렌 서리 글·그림 | 김영선 옮김 | 위즈덤하우스

감사하는 마음을 표현하는 것은 타인과 더불어 생활해야 하는 사회 활동의 중요한 첫걸음입니다. '감사하는 마음'은 저절로 생기는 것이 아니라 바로 '찾는 것'입니다. 어린이들에게 주변의 고마운 사람들과 감사해야 할 많은 상황을 스스로 찾아낼 수 있도록 유도하는 그림책입니다.

#감사 #오늘의감사 #감사하는마음 #고마움처방전 #마음을전하는방법

문해력 목표		• 오늘 하루에 대해 감사한 마음을 갖는다. • 고마운 마음을 표현하는 방법을 알 수 있다. • 고마운 사람에게 감사한 마음을 전한다.
문해력 질문	독전	• 고마움(감사)이란 무엇일까요? • 고마움(감사)이 왜 도착한다고 표현했을까요? • 고마움(감사)은 어디에서 올까요? • 고마움(감사)은 언제 생길까요? • 나만의 고마운 마음을 전하는 방법이 있나요?
	독후	• 고마운 마음을 전하고 싶은 사람은 누구인가요? • 왜 고맙다고 말하고 싶나요? • 고마운 사람에게 특별한 걸 줄 수 있다면 무엇(음식, 선물 등)을 주고 싶나요? • 책 속에서 고마운 마음을 표현한 것 중에 해 보고 싶은 것이 있나요? • 감사한 마음을 전하는 나만의 특별한 방법이 있나요? • 오늘 하루 감사한 점은 무엇이 있나요?
문해력 활동지		오늘의 감사
연계 도서		• 『선생님, 기억하세요?』, 데보라 홉킨슨 글, 낸시 카펜터 그림, 길상효 옮김, 씨드북 • 『하나의 작은 친절』, 마르타 바르톨 그림, 소원나무 • 『우리가 잠든 사이에』, 믹 잭슨 글, 존 브로들리 그림, 김지은 옮김, 봄볕 • 『세상의 모든 감사』, 클레어 손더스 글, 켈시 개리티 라일리 그림, 이계순 옮김, 씨드북 • 『정말 정말 정말 고마워』, 헬로 럭키 글·그림, 한소영 옮김, 키즈엠

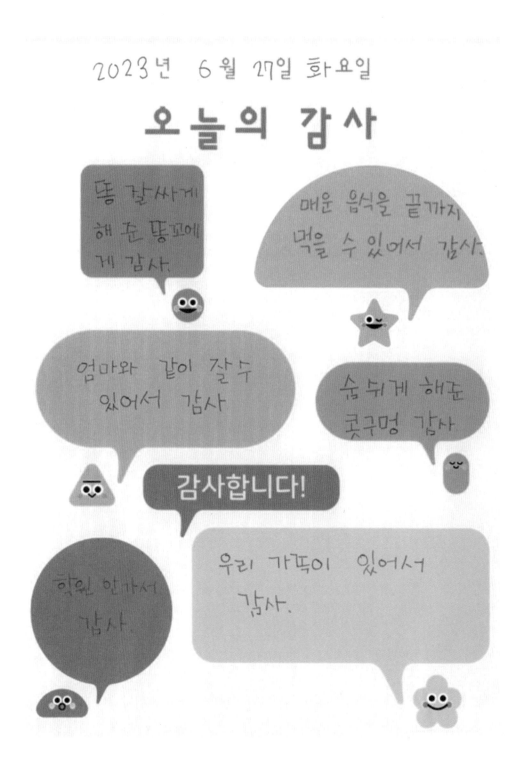

특별하고 대단한 것이 아니더라도 소소한 것에서 감사한 마음을 느낄 수 있도록 도와주세요.

함께 줄넘기

진수경 글·그림 | 봄개울

두 귀가 축 처진 검은 토끼, 날쌔지고 싶은 돼지, 버림받은 개, 떠돌이 고양이, 남쪽 나라로 가기 싫은 제비, 도토리가 부족한 다람쥐가 함께 줄넘기 팀을 구성했습니다. 줄을 돌리는 코치는 전직 권투 선수인 맨드라미꽃 형제예요. 모두 같은 곳을 바라보며 힘차게 풀쩍…. 과연 한마음으로 줄에 걸리지 않고 뛰어넘었을까요?

#줄넘기 #위로 # 공감 #함께 #다름 #이해 #응원 #같이 #용기 #꿈

문해력 목표		• 포기하지 않고 끝까지 도전할 수 있다. • 함께하면 좋은 점에 대해 알 수 있다. • 자기의 경험을 이야기할 수 있다.
문해력 질문	독전	• 줄넘기를 해 본 적이 있나요? • 함께 줄넘기를 해 본 적이 있나요? • 표지 속 인물들은 무엇을 하고 있나요?
	독후	• 맨드라미꽃 형제는 어떤 안내문을 붙였나요? • 줄넘기 팀원으로는 누가누가 모였나요? • 다함께 줄넘기는 왜 쉽지 않았을까요? • 동물 친구들이 줄넘기를 하러 온 이유는 무엇이었나요? • 함께 줄을 넘을 수 있었던 이유는 무엇이었나요?
문해력 활동지		함께 줄줄이 만세
연계 도서		• 『우리 함께 ABC』, 코리나 루켄 글·그림, 김세실 옮김, 나는별 • 『분홍줄』, 백희나 글·그림, 시공주니어 • 『짜장 줄넘기』, 곽미영 글, 양정아 그림, 김수열 감수, 천개의바람 • 『모두 함께 김밥』, 전영옥 글·그림, 리틀씨앤톡 • 『줄넘기』, 이안 글·그림, 키위북스 • 『힘겨루기 대회』, 델핀 부르네 글·그림, 강인경 옮김, 미디어창비

부록 **7**번을 오려서 만들어 보세요.

날짜 : 9. 11 이름 : 최예은

친구들과 함께 글자를 완성해 보세요.

1 실이 지나갈 길을 생각하며 글자를 적어 보고, 글자의 모양을 따라 실로 꿰어 보세요.
친구들과 한 글자씩 나누어서 하면서 하나의 단어를 완성해 보세요.

2 실이나 끈을 활용해서 스트링 아트로 완성해 보세요. 힘이 있는 실을 활용하면 더 쉽게
완성할 수 있답니다.

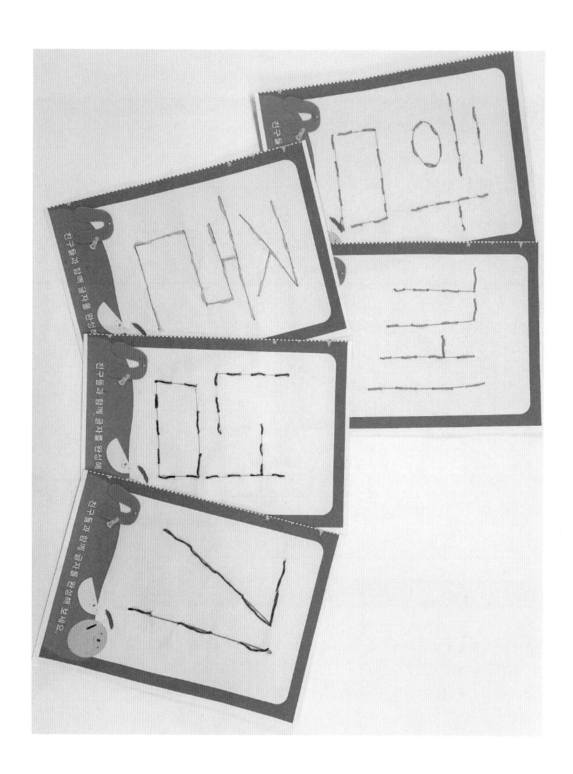

70

눈사람 사탕

박종진 글 | 송선옥 그림 | 소원나무

행운을 담은 '9가지 우리 놀이'를 통해 '진짜 행운'을 만들어 내는 과정을 담은 그림책입니다. 9가지 놀이의 의미와 형제의 놀이 과정을 보며 우리나라 고유의 놀이를 더욱 쉽게 이해할 수 있습니다.

#신체놀이 #전통놀이 #형제 #놀이 #눈사람 #함께 #겨울

문해력 목표		• 9가지 전통 놀이를 안다. • 행운의 의미를 안다. • 나만의 놀이를 소개해 본다.
문해력 질문	독전	• 눈사람 사탕은 무엇일까요? • 뽑기를 해 보았나요? • 뽑기에서 무엇이 나오면 운이 좋은 건가요? • 나는 언제 운이 좋았다고 생각하나요?
	독후	• 형은 뽑기에서 뭐가 나오길 바랐을까요? • 운이 나쁘다고 우는 율동이에게 형은 뭐라고 했나요? • 형이 알려 준 운이 좋아지는 방법은 무엇이 있었나요? • 책 속 놀이 중 내가 직접 해 본 놀이는 무엇인가요? • 함께 해서 더 재미있는 놀이는 무엇인가요? • 책 속 놀이 중 나만의 방법으로 노는 놀이가 있나요? • 내가 알고 있는 또 다른 재미있는 놀이는 무엇이 있나요?
문해력 활동지		전래놀이 빙고 게임, 재미있는 전래놀이 미니북(부록 8번)
연계 도서		• 『사계절 우리 전통 놀이』, 강효미 글, 한지선 그림, 김소영 감수, 미래엔아이세움 • 『물렀거라! 왕딱지 나가신다』, 김홍신·임영주 글, 권영묵 그림, 노란우산 • 『얼씨구 지화자 즐거운 전통놀이』, 정재은 글, 정수진 그림, 주니어RHK • 『반갑다! 대왕 딱지』, 임서하 글, 장준영 그림, 키큰도토리 • 『던져라! 공깃돌』, 임서하 글, 김민주 그림, 키큰도토리 • 『날아라! 똥제기』, 임서하 글, 여기 그림, 키큰도토리 • 『해 떴다! 나가 놀자!』, 김금향 글, 천서연 그림, 키즈엠

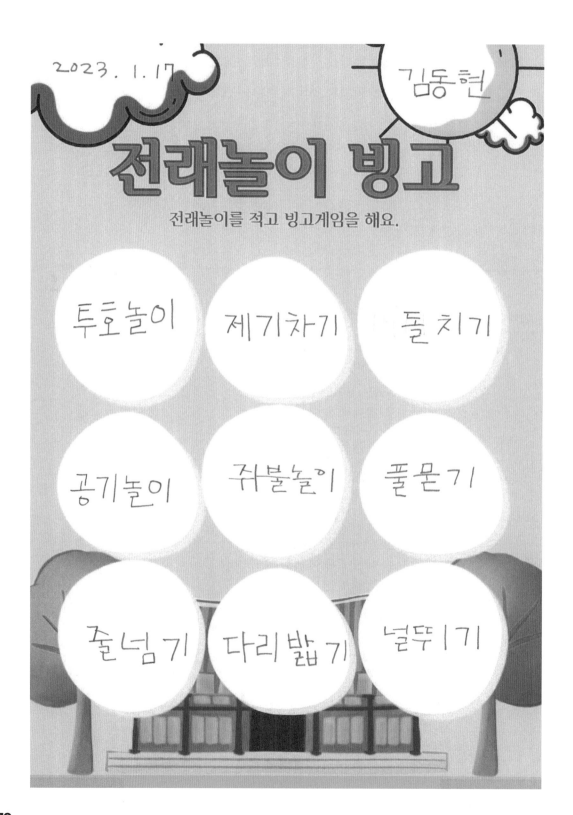

2023. 1. 17

김동현

전래놀이 빙고

전래놀이를 적고 빙고게임을 해요.

투호놀이

제기차기

돌 치기

공기놀이

쥐불놀이

풀 묻기

줄넘기

다리밟기

널뛰기

전래놀이 빙고

전래놀이를 적고 빙고게임을 해요.

추가활동 부록 **8**번을 오려서 전래놀이 미니북을 만들어 보세요.

황금팽이

허은순 글 | 김이조 그림 | 현암사

우리의 전통놀이 팽이를 감각적이고 재치 있는 그림을 통해 소개함으로써 팽이에 대한 관심을 높이고 놀이의 즐거움을 일깨워 주는 책입니다. 친구가 없는 외톨이 웅철이가 자신의 보물 1호 팽이를 상상의 친구들에게 하나씩 빌려 주고 함께 어울려 노는 사이에 나누고 함께하는 기쁨을 배워 가는 과정을 그리고 있습니다.

#팽이 #황금 #친구 #전통놀이 #함께 #보물1호 #기쁨 #어울림

문해력 목표		• 친구들과 함께 어울려 노는 법을 알 수 있다. • 팽이를 돌리면서 함께하는 기쁨을 알 수 있다. • 나만의 특별한 팽이를 만들어 본다.
문해력 질문	독전	• 친구들과 어떤 놀이를 할 때 가장 재미있나요? • 황금팽이를 본 적이 있나요? • 표지에 있는 친구들은 무엇을 하고 있나요? • 팽이 시합을 해 본 적이 있나요? • 책 속 황금팽이의 주인은 누구일까요? • 황금팽이는 어떤 능력이 있을까요? • 팽이의 종류에는 어떤 것들이 있나요?
	독후	• 책 속에 어떤 팽이들이 나왔나요? • 황금팽이는 어떤 능력이 있나요? • 나에게 황금팽이가 있다면 어떤 이름을 지어 줄까요? • 나만의 황금팽이에 특별한 능력을 준다면 어떤 능력을 주고 싶나요? • 팽이를 잘 돌릴 수 있는 방법은 뭘까요? • 옛날 팽이와 현재 팽이의 차이점은 뭘까요? • 나의 보물 1호는 무엇인가요?
문해력 활동지		돌아라, 돌아라, 팽팽 돌아라!
연계 도서		• 『딱지 딱지 내 딱지』, 허은순 글, 김이조 그림, 현암사 • 『팽이 팽이 돌아라』, 정미라 글, 한병호 그림, 아이코리아 • 『돌아라! 팽이야』, 임서하 글, 유명금 그림, 키큰도토리 • 『무궁화꽃이 피었습니다』, 천미진 글, 강은옥 그림, 키즈엠 • 『해 떴다! 나가 놀자!』, 김금향 글, 천서연 그림, 키즈엠

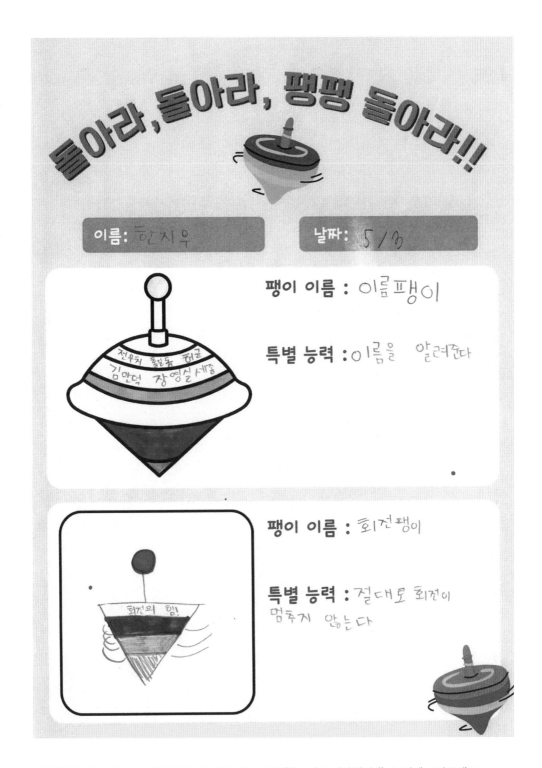

돌아라, 돌아라, 펭펭 돌아라!!

이름: 한지우　　날짜: 5/3

팽이 이름 : 이름팽이

특별 능력 : 이름을 알려준다

(팽이 그림 안: 전우치 활빈당 허균 김만덕 장영실 세종)

팽이 이름 : 회전팽이

특별 능력 : 절대로 회전이 멈추지 않는다

(팽이 그림 안: 회전의 힘!)

나만의 팽이를 그려 보고 팽이의 이름을 지어 주고, 특별한 능력도 생각해서 쓸 수 있게 도와주세요.

돌아라, 돌아라, 팽팽 돌아라!!

이름:	날짜:

팽이 이름 :

특별 능력 :

팽이 이름 :

특별 능력 :

엄마의 김치수첩

한라경 글 | 김유경 그림 | 보랏빛소어린이

지금으로부터 그리 머지않은 지난 시절, 엄마들이 김장 김치를 담그던 모습을 담은 그림책입니다. 이야기 속 '엄마'는 겨울이 오자 꼭꼭 넣어 두었던 작은 수첩을 꺼냅니다. 엄마의 수첩에는 대체 무엇이 들어 있는 걸까요? 엄마의 작은 수첩에서 시작되는 김장 이야기 속으로 들어가 보아요. 엄마가 담근 김장 김치에 얼마나 따뜻한 마음이 담겼는지 알게 될 거예요.

#엄마 #김치 #김장 #겨울 #이웃 #수첩 #엄마손맛 #전통음식#나눔

문해력 목표	• 우리 전통 음식을 알 수 있다. • 엄마의 고마운 마음을 알 수 있다. • 겨울나기 옛 풍습을 알 수 있다. • 우리 가족만의 김치 레시피를 만들어 본다.	
문해력 질문	독전	• 급식에 김치가 매일 나오는 이유는 뭘까요? • 내가 가장 좋아하는 김치는 무엇인가요? • 김치를 담가 본 적이 있나요? • 김치 수첩에는 어떤 내용이 담겨 있을까요? • 표지 속 계절은 언제인가요? • 그 계절이라고 생각한 이유는 무엇인가요? • 김치에 들어가는 재료는 무엇이 있을까요?
	독후	• 어떤 순서로 김치를 담그나요? • 엄마의 수첩에는 무엇이 담겨 있나요? • 나에게 수첩이 생긴다면 어떤 소중한 내용을 적고 싶나요? • 김치는 발효식품입니다. 내가 알고 있는 발효식품은 무엇이 있나요? • 색다른 재료로 김치를 담근다면 어떤 김치를 담가 보고 싶은가요? • 나라면 수첩에 전해 주고 싶은 내용은 무엇인가요?
문해력 활동지	김치 안에는 무엇이 들어 있을까?	
연계 도서	• 『김치가 최고야』, 김난지 글, 최나미 그림, 천개의바람 • 『달려라! 김치 버스』, 김진 글, 이미정 그림, 키즈엠 • 『오늘은 우리 집 김장하는 날』, 채인선 글, 방정화 그림, 보림 • 『김치 특공대』, 최재숙 글, 김이조 그림, 책읽는곰 • 『깍두기』, 유이지 글, 김이조 그림, 제제의숲 • 『김치 도감』, 고은정 글, 안경자 그림, 현암주니어	

날짜 : 2022. 11. 17   이름 : 김은채

김치안에는
무엇이 들어있을까?

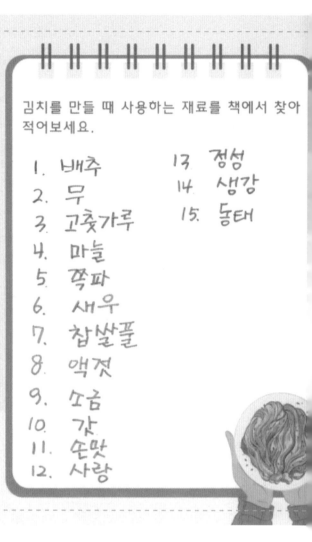

김치를 만들 때 사용하는 재료를 책에서 찾아 적어보세요.

1. 배추
2. 무
3. 고춧가루
4. 마늘
5. 쪽파
6. 새우
7. 찹쌀풀
8. 액젓
9. 소금
10. 갓
11. 손맛
12. 사랑
13. 정성
14. 생강
15. 동태

책에 나오는 김치의 재료들을 적어 보세요.
재료뿐만 아니라 김치에 들어간 마음을 적을 수 있도록 해 주세요.

김치를 만들 때 사용하는 재료를 책에서 찾아 적어 보세요.

이름 :

날짜 :

김치 안에는 무엇이 들어 있을까?

떡이 최고야

김난지 글 | 최나미 그림 | 천개의바람

이른 아침에 떡들이 너른 운동장에 모였습니다. 떡들은 명절떡과 잔치떡 두 편으로 나뉘어 영차 영차 줄다리기를 합니다. 가래떡과 약식, 쑥절편, 송편은 명절떡 편입니다. 백설기와 수수팥떡, 인절미, 시루떡은 잔치떡 편입니다.

과연 두 편 가운데 어느 편이 이길까요? 이기는 것보다 더 중요한 줄다리기의 숨은 뜻은 무엇일까요?

#떡 #명절 #잔치 #기쁨 #슬픔 #줄다리기 #함께 #떡이름 #유래

문해력 목표	• 우리 문화를 알 수 있다. • 떡의 종류를 알고 분류할 수 있다. • 각 떡의 특징을 알 수 있다.	
문해력 질문	독전	• 가장 좋아하는 떡은 무엇인가요? • 떡은 언제 먹나요? • 떡으로 한 요리는 무엇이 있나요? • 어떤 떡이 최고일까요? • 표지에 있는 떡의 이름은 무엇인가요? • 떡들은 무엇을 하고 있는 걸까요?
	독후	• 잔치떡과 명절떡의 종류는 무엇이 있었나요? • 각 떡의 특징은 무엇인가요? • 가래떡(명절떡의 예)은 언제 먹나요? 왜 먹나요? • 백설기(잔치떡의 예)는 언제 먹나요? 왜 먹나요? • 명절에 떡을 먹는 이유는 뭘까요? • 잔치날 떡을 먹는 이유는 뭘까요?
문해력 활동지	최고의 떡을 찾아라!	
연계 도서	• 『밥이 최고야』, 김난지 글, 최나미 그림, 천개의바람 • 『호랭떡집』, 서현 글·그림, 사계절 • 『똥떡』, 이춘희 글, 박지훈 그림, 임재해 감수, 사파리 • 『잘떡콩떡 수수께끼떡』, 김정희 글, 김소영 그림, 웅진주니어 • 『무궁화 꽃이 피었습니다』, 천미진 글, 강은옥 그림, 키즈엠	

날짜 : 2023 / 8 / 8 이름 : 이예은

최고의 떡을 찾아라!

명절떡

가래떡

약식

절편

송편

절기떡

백설기

수수팥떡

인절미

시루떡

나의 최고의 떡은 시루떡 이다.

사진을 보고 떡의 이름을 써 주세요. 그리고 아이가 좋아하는 최고의 떡을 뽑아 주세요.

최고의 떡을 찾아라!

명절떡

절기떡

뭔가 특별한 아저씨

진수경 글·그림 | 천개의바람

평범한 키, 평범한 얼굴, 평범한 옷을 입는 평범한 다정 아저씨! 그런 다정 아저씨에게 조금 특별한 점이 있습니다. 바로 머리카락이 길다는 거예요. 왜 머리카락을 기르는 걸까요? 그 이유는 아픈 아이들에게 머리카락을 기부하기 위해서예요. 나누는 마음과 다름을 받아들이는 열린 마음을 알려 주는 그림책입니다.

#특별함 #평범함 #머리카락 #기부 #나눔 #다름 #열린마음 #고정관념 #용기 #의지

문해력 목표		• 기부의 의미를 알 수 있다. • 기부의 종류와 방법을 알 수 있다. • 내가 기부할 수 있는 것을 찾아본다
문해력 질문	독전	• 뭔가 특별하다는 것은 무슨 뜻일까요? • 아저씨는 무엇이 특별할까요? • 표지에 있는 사람들은 무엇을 보고 있는 걸까요?
	독후	• 아저씨의 특별한 점은 무엇인가요? • 아저씨가 머리카락을 기른 이유는 무엇인가요? • 아저씨는 왜 머리카락을 기부했을까요? • 기부에 대해 알고 있나요? • 어떻게 무엇을 기부할 수 있을까요? • 기부를 하면 어떤 기분일까요? • 기부하고 싶은 것이 있나요?
문해력 활동지		기부다짐증서
연계 도서		• 『내 가방 어디 갔지?』, 마리 미르겐 글·그림, 나선희 옮김, 책빛 • 『우리가 사랑한 의사 선생님』, 소중애 글·그림, 단비어린이 • 『돈 잘 쓰는 할머니』, 신현경 글, 박재현 그림, 맑은물 • 『예술은 함께 나누는 거예요!』, 브루스 잉먼 글·그림, 김배경 옮김, 조장은 해설, 책속물고기 • 『염소 4만원』, 옥상달빛 글, 조원희 그림, 그린북

기부 여러 가지 방법으로 할 수 있다는 것을 알려 주세요.
그리고 내가 기부할 수 있는 것을 찾아서 다짐증서를 써 보게 해 주세요.

기부다짐증서

☐☐☐ 는(은)

_____

_____

_____

_____

기부를 다짐합니다.

날짜 _____   서명 _____

나의 첫 반려동물 비밀 물고기

김성은 글 | 조윤주 그림 | 천개의바람

친구네 집에서 처음 만난 열대어 구피 2마리를 얻어서 첫 반려동물로 키우기로 합니다. 하지만 매번 반려동물 키우기에 반대했던 엄마한테 어떻게 허락을 받지요? 결국 엄마한테 사실대로 털어놓지 못한 채 구피를 서랍 속에서 '비밀 물고기'로 키우기로 합니다.

과연 아무도 모르는 나만의 비밀 물고기 키우기는 성공할까요? 좌절과 눈물을 넘어 생명을 돌보는 책임감과 동물에 대한 사랑을 깨닫는 색다른 도전이 펼쳐지는 이야기입니다.

`#반려동물` `#구피` `#비밀` `#생명의소중함` `#책임감` `#동물사랑`

문해력 목표		• 반려동물의 의미를 알 수 있다. • 반려동물의 특성을 알 수 있다. • 동물을 사랑하고 아끼는 마음을 갖는다.
문해력 질문	독전	• 반려동물은 어떤 뜻인가요? • 반려동물과 애완동물의 차이점은 무엇인가요? • 내가 키우는 반려동물이 있나요? • 표지 속 아이는 무엇을 감추고 있는 걸까요? • 표지 속 아이는 왜 감추고 있는 걸까요?
	독후	• 엄마가 반려동물을 키우는 걸 허락하지 않는 이유는 무엇이었나요? • 구피가 다른 물고기와 다른 점은 무엇인가요? • 엄마 몰래 구피를 키우기로 결정했을 때 아이의 마음은 어땠을까요? • 아이는 구피를 잘 키우기 위해서 어떻게 했나요? • 내가 키우고 싶은 반려동물은 무엇인가요?
문해력 활동지		내가 키우고 싶은 반려동물
연계 도서		• 『안녕 팝콘』, 이준혁 원저, 강한 그림, 미디어창비 • 『나는 개다』, 백희나 글·그림, 책읽는곰 • 『코코에게』, 최현우 글, 이윤희 그림, 창비 • 『문수의 비밀』, 루시드 폴 글, 김동수 그림, 창비 • 『너, 내 동생 할래?』, 박나래 글·그림, 씨드북 • 『내가 딱이지』, 윤진현 글·그림, 봄개울 • 『모두의 개』, 박자울 글·그림, 밝은미래 • 『미미와 나』, 이승희 글·그림, 고래뱃속

내가 키우고 싶은 반려동물

안녕!

날짜: 2023/9/4 이름: 이예온

동물 이름: 고양이

내가 지은 이름: 치즈

키우고 싶은 이유: 이름을 부를 때마다 웃음이 나고 나에게 행복을 주기 때문에

동물 이름: 토끼

내가 지은 이름: 토미

키우고 싶은 이유: 귀 엾고 부드러워서

동물 이름: 햄스터

내가 지은 이름: 햄터

키우고 싶은 이유: 귀 엾고 나에게 놀라움을 주워서

책임감을 가지고 내가 돌봐줄 수 있는 반려동물을 생각하고 정할 수 있도록 해 주세요.

내가 키우고 싶은 반려동물

안녕!

날짜: 이름:

동물 이름:

내가 지은 이름:

키우고 싶은 이유:

동물 이름:

내가 지은 이름:

키우고 싶은 이유:

동물 이름:

내가 지은 이름:

키우고 싶은 이유:

방귀 혁명

최윤혜 글·그림 | 시공주니어

어린이들에게 친숙한 '방귀'를 소재로 한 사회 풍자 그림책입니다. 다소 묵직한 주제를 희화화하여 아이들에게 '진정한 자유'에 대해 생각할 거리를 안겨 줍니다. 아이들뿐만 아니라 어른들도 사회 부조리에 대해 다시금 돌아볼 기회를 갖게 하는 강렬한 그림책입니다.

#방귀 #금지법 #진정한용기 #자유

문해력 목표		• 법에 대해 관심을 갖는다. • 자기의 생각을 논리적으로 표현할 수 있다.
문해력 질문	독전	• 표지의 그림은 무엇일까요? • 혁명이란 무슨 뜻일까요? • 방귀 혁명이란 무슨 뜻인가요? • 방귀를 참아 본 적이 있나요?
	독후	• 누가 '방귀 금지법'을 만들었나요? • 숙이 씨가 방귀를 뀐 것은 법을 어긴 것인가요? • 숙이 씨가 방귀로 세상을 어지럽힌 걸 멋지다고 표현한 이유는 무엇인가요? • 생리적인 현상으로 법을 만들 수 있을까요? • 오늘부터 당장 방귀 금지법이 생긴다면?
문해력 활동지		이 법을 반대합니다.
연계 도서		• 『국수를 금지하는 법이 생긴다고?』, 제이콥 크레이머 글, K-파이 스틸 그림, 윤영 옮김, 그린북 • 『나무 그늘을 산 총각』, 권규헌 글, 김예린 그림, 봄볕 • 『샌지와 빵집주인』, 로빈 자네스 글, 코키 폴 그림, 김중철 옮김, 비룡소 • 『안 돼?』, 호세 카를로스 안드레스 글, 라울 니에토 구리디 그림, 김지애 옮김, 대교북스주니어

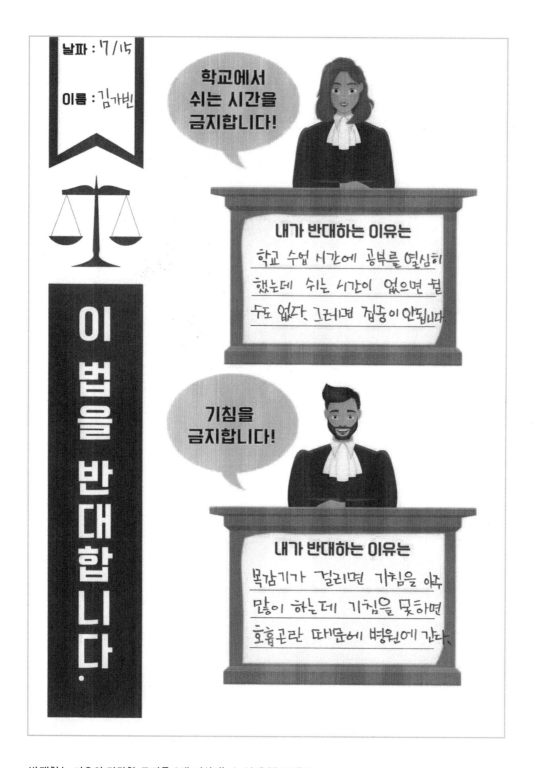

반대하는 이유의 타당한 근거를 2개 이상 쓸 수 있게 해 주세요.

파리의 작은 인어

루시아노 로사노 글·그림 | 박재연 옮김 | 블루밍제이

파리의 유명한 분수에 작은 인어 조각상이 살고 있어요. 작은 인어는 다른 이들이 보기엔 제일 좋은 곳에 앉아 있지만, 늘 바다를 꿈꾸고 있지요. 어느 날 작은 인어는 소원을 들어주는 분수에 동전을 던지고도 자기 소원이 뭔지 몰라 머뭇거리는 한 소년 대신 자기의 소원을 빕니다. 드디어 인어는 바다를 찾아 나섰어요. 하지만 길에서 만난 이들은 모두 "길은 멀고 위험해! 우리랑 같이 여기에 있자!"라며 말립니다. 과연 인어는 바다까지 갈 수 있을까요?

#프랑스 #파리 #인어 #분수 #소원 #바다 #명소 #지도 #여행 #유럽여행 #도전 #모험 #응원 #꿈

문해력 목표		• 지도를 그리고 위치를 표시할 수 있다. • 좋아하는 장소를 설명할 수 있다. • 프랑스 파리의 명소를 알 수 있다.
문해력 질문	독전	• 표지 속 장소는 어디일까요? • 표지에서 무엇이 보이나요? • 인어가 등장하는 이야기를 알고 있나요? • 면지에 그려져 있는 것은 무엇인가요?
	독후	• 작은 인어가 있는 분수대가 있는 곳은 어디인가요? • 작은 인어의 소원은 무엇인가요? • 작은 인어는 왜 노래를 했을까요? • 인어는 어떻게 바다를 향해 날아갔나요? • 꿈이나 바라는 것을 이야기할 때 듣고 싶은 말이 있나요? • 분수에 동전을 던진 후 빌고 싶은 소원은 무엇인가요? • 지도를 보고 알 수 있는 것은 무엇이 있을까요? • 다른 사람에게 소개하고 싶은 나만의 장소가 있나요?
문해력 활동지		우리 동네를 소개합니다!
연계 도서		• 『지도로 그리는 마샤의 세상』, 리 호지킨슨 글·그림, 이현아 옮김, 명랑한책방 • 『달콤쌉싸름한 파리 산책』, 유키코 노리다케 글·그림, 김이슬 옮김, 국민서관 • 『낮잠 자기 딱 좋은 곳, 파리』, 로라 키엔출러 글·그림, 박재연 옮김, 후즈갓마이테일 • 『꿈의 목록』, 밀랑 비노 글, 모드 로에지에 그림, 김수영 옮김, 시원주니어 • 『간다아아!』, 코리 R. 테이버 글·그림, 노은정 옮김, 대교북스주니어

우리 동네를 소개합니다!

우리 동네 지도를 그리고 내가 가장 좋아하는 장소를 소개해요.

우리 동네에서 내가 가장
좋아하는 장소는

박지성 공원의 화단 이다.

왜냐하면 화단에서

개 미들도 만나고

풀도 많이 있어

상쾌해지기

때문이다.

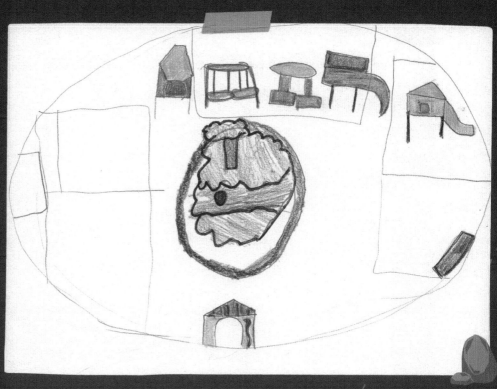

먼저 좋아하는 장소를 떠올려서 중앙에 써 주고, 주변을 완성할 수 있도록 해 주세요.

우리 동네를 소개합니다!

우리 동네 지도를 그리고 내가 가장 좋아하는 장소를 소개해요.

우리 동네에서 내가 가장
좋아하는 장소는

_____ 이다.

왜냐하면

_____

_____

_____

_____

_____

때문이다.

에너지 충전

박종진 글 | 송선옥 그림 | 소원나무

하루라도 동생을 놀리지 않으면 입안에 가시가 돋는 선동이. 선동이는 오늘도 어김없이 율동이를 골리기에 바쁩니다. 율동이는 자신이 정말 로봇이어서 선동이 말대로 곧 건전지가 다 된 장난감처럼 멈추어 버릴까 두려워합니다. 선동이와 율동이가 함께 놀면서 다양하고 신기한 에너지를 만나는 이야기를 담은 그림책입니다.

#에너지 #놀이 #충전 #형제 #빛에너지 #화력에너지 #운동에너지 #수력에너지 #풍력에너지 #장난감

문해력 목표	• 에너지가 무엇인지 알 수 있다. • 생활 속에서 에너지를 만드는 방법을 발견할 수 있다. • 나를 움직이는 에너지를 찾을 수 있다.	
문해력 질문	독전	• 2003년 8월 22일은 무슨 날일까요? • 에너지는 어떻게 생겼나요? • 우리 주변 어디에서 에너지를 볼 수 있을까요? • 에너지를 어떻게 충전할까요? • 표지 속 어린이들은 왜 붕어빵을 들고 있을까요?
	독후	• 로봇이 된 율동이와 선동이는 놀이터에서 어떤 에너지를 채웠나요? • 자가발전 게임 운동기구에서는 에너지를 어떻게 얻었나요? • 에너지를 만드는 만큼 중요한 것은 또 무엇인가요? • 세상을 움직이는 에너지를 만드는 힘 8가지는 무엇인가요? • 나를 충전하는 에너지는 무엇인가요? • 나의 소중한 사람에게 에너지를 충전해 준다면 어떤 에너지를 충전해 줄까요? • 에너지를 아껴 쓸 수 있는 방법은 무엇인가요?
문해력 활동지	세상을 움직이는 에너지	
연계 도서	• 『모두 에너지야!』, 곽영직 글, 소윤경 그림, 웅진주니어 • 『바람으로 전기를 만들어』, 해리엇 브런들 글, 이계순 옮김, 풀빛 • 『나는 태양의 아이』, 신동경 글, 정문주 그림, 풀빛 • 『변신 대왕 에너지』, 로렌 리디 글·그림, 이문희 옮김, 미래아이(미래M&B) • 『건전지 아빠』, 전승배·강인숙 글·그림, 창비 • 『건전지 엄마』, 강인숙·전승배 글·그림, 창비	

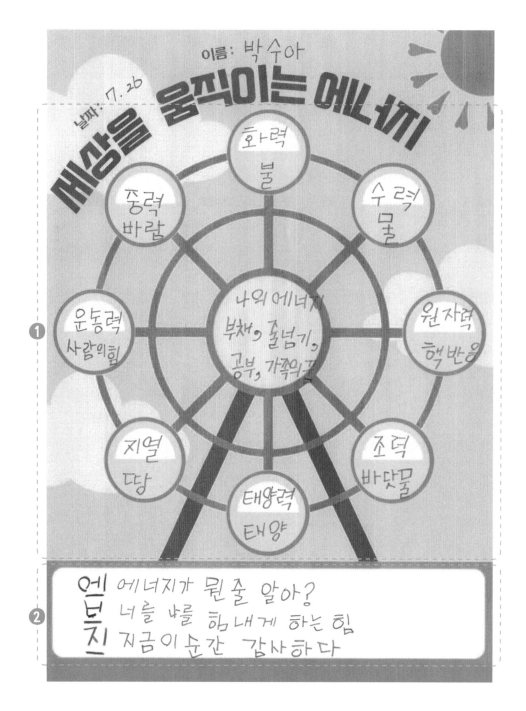

① 가장자리의 8개 동그라미에는 책에 나온 에너지의 종류를 써 보세요.
　가운데 큰 동그라미에는 나에게 힘을 주는 것들을 쓸 수 있게 해 주세요.

② 에너지 3행시를 짓거나, 표어를 만들어 보게 해 주세요.(예: 에너지는 사랑이다, 에너지는 공기다)

이름:

날짜:

세상을 움직이는 에너지

반쪽 섬

이새미 글·그림 | 소원나무

환경오염에 대한 경각심을 심어 주기 위한 그림책입니다. 환경 문제를 생각하는 것에만 그치지 않고 가까운 주변에서부터 환경을 지킬 수 있는 방법을 하나라도 실천하는 선택을 하면 좋겠다는 내용입니다.

#자연 #환경오염 #환경보호 #지구순환 #지구 #실천 #분리배출 #경각심

문해력 목표		• 환경을 소중히 여기는 마음을 가진다. • 환경을 보호하기 위해 할 수 있는 일을 안다. • 환경을 보호하기 위한 올바른 분리 배출 방법을 안다.
문해력 질문	독전	• 섬에 가 본 적이 있나요? • 표지에 있는 섬은 어떤 모습인가요? • 제목이 왜 반쪽 섬일까요? • 표지에 있는 섬이 서로 반쪽씩 모습이 다른 이유는 무엇일까요?
	독후	• 다섯 형제가 간 작은 섬은 어떤 곳이었나요? • 작은 섬에는 무엇이 살고 있었나요? • 집에서 나온 쓰레기는 왜 자연으로 돌아가지 못했을까요? • 쓰레기 때문에 작은 섬에 살던 동물과 물고기들은 어떻게 되었나요? • 다섯 형제는 섬으로 돌아와서 무엇을 발견했나요? • 내가 살고 있는 소중한 지구를 살리는 방법은 무엇이 있나요? • 쓰레기 분리 배출 방법에는 어떤 것들이 있나요?
문해력 활동지		도전! 분리 배출
연계 도서		• 『플라스틱 섬』, 이명애 글·그림, 상출판사 • 『미어캣의 스카프』, 임경섭 글·그림, 고래이야기 • 『태어납니다 사라집니다』, 유미희 글, 장선환 그림, 초록개구리 • 『쓰레기 괴물』, 에밀스 S. 스미스 글, 하이디 쿠퍼 스미스 그림, 명혜권 옮김, 맛있는책 • 『쓰레기 귀신이 나타났다!』, 백지영 글·그림, 미세기 • 『쓰레기통 요정』, 안녕달 글·그림, 책읽는곰 • 『아주 작고 슬픈 팩트』, 조나 윈터 글, 피트 오즈월드 그림, 양병헌 옮김, 라임

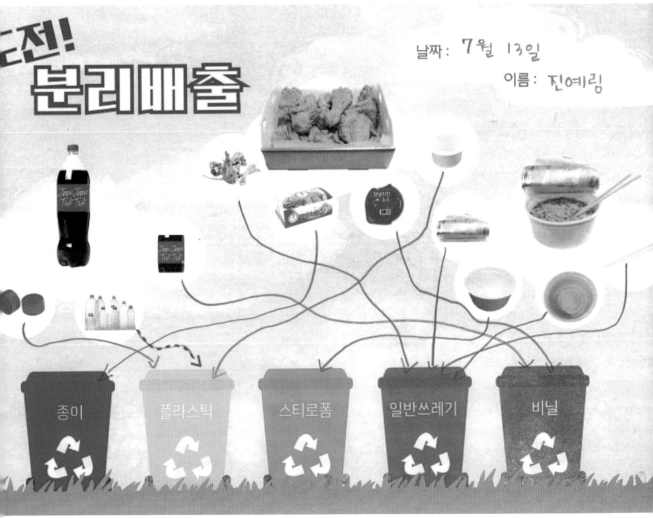

날짜: 7월 13일
이름: 진예림

도전!
분리배출

종이 · 플라스틱 · 스티로폼 · 일반쓰레기 · 비닐

상단의 QR코드를 찍어 헷갈리는 분리 배출을 올바르게 할 수 있도록 분리 방법을 구체적으로 알려 주세요.

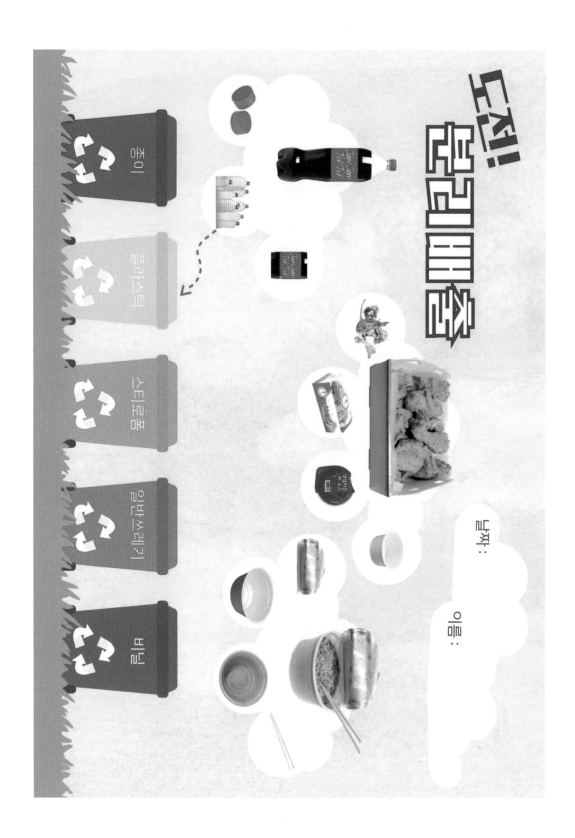

우주 택배

이수현 글·그림 | 시공주니어

미래에 사는 지구인 수롱이는 우주를 좋아합니다. 다양한 외계인이 나와 물건을 설명하는 우주 홈쇼핑을 즐겨 봅니다. 우주 곳곳을 누비며 펼쳐지는 수롱이와 따콩이의 좌충우돌 배송 에피소드는 재미나고 흥미로운 볼거리들을 제공해 줍니다. 또한 우리가 안전하고 편안하게 택배를 받기까지 고군분투하는 택배 기사님들의 노고에 대해서도 생각해 보게 합니다.

#우주 #택배 #홈쇼핑 #외계인 #옥수수 #팝콘 #행성

문해력 목표	• 우주에 대해 관심을 갖는다. • 행성 특징에 맞는 물건을 생각할 수 있다.	
문해력 질문	독전	• 우리가 택배로 받은 물건은 어떤 것이 있나요? • 우주 택배는 어디로 가는 걸까요? • 내가 만약 우주로 택배를 보낸다면 어디로 보내고 싶나요?' • 우주로 택배를 보낸다면 무엇을 보내고 싶나요? • 표지 속 친구들은 왜 이런 표정을 지었을까요? • 표지 속 친구들은 무엇을 하고 있나요? • 내가 가고 싶은 우주는 어디인가요?
	독후	• 행성마다 필요한 물건은 무엇이었나요? • 나라면 각 행성에 무엇을 보내주고 싶나요? • 옥수수가 어떻게 팝콘이 되었을까요? • 내가 알고 있는 행성은 무엇인가요? • 그 행성의 특징은 무엇인가요? • 그 행성에서 필요한 것은 무엇인가요?
문해력 활동지	우주로 택배를 보내 드립니다, 태양계 행성들 미니북(부록 10번)	
연계 도서	• 『지구를 지켜라! 슈퍼 재활용 우주 비행선』, 루스 퀘일 글, 제즈 투야 그림, 김현희 옮김, 사파리 • 『수박 행성』, 상자 글, 이수현 그림, 꼬마이실 • 『신통방통 우주여행, 태양계의 행성들』, 존 디볼 글·그림, 박서경 옮김, 상수리 • 『안녕, 나는 태양이야!』, 데이비드 스카필드 글, 스티비 루이스 그림, 최순희 옮김, 현암주니어 • 『지구 말고 다른 데 살아 볼까?』, 정창훈 글, 최민오 그림, 웅진주니어 • 『나는 우주인』, 나카가와 히로다카 글, 하타 코시로 그림, 조완제 옮김, 미운오리새끼	

부록 ❾번을 오려서 활용해 보세요.

❶ 우주에 보내주고 싶은 음식을 부록 ❾번에서 오려서 붙여 주세요. 원하는 음식이 없으면 직접 그려도 돼요.

❷ 외계인들이 음식을 먹고 뭐라고 할지 상상해서 적어 볼 수 있도록 해 주세요.

우주로 택배를 보내드립니다.

우주에 어떤 음식을 보내주고 싶니?

먹고나서 외계인들이 뭐라고 말할까?

추가 활동 부록 **10**번을 오려서 태양계 행성들 미니북을 만들어 보세요.

미세미세한 맛 플라수프

김지형·조은수 글 | 김지형 그림 | 두마리토끼책

한 편의 단편영화 같은 미세플라스틱 이야기예요. 환경에 대해 매일 매일 심사숙고하며 살아가는 그림 작가의 기발한 상상력과 강렬한 일러스트레이션이 우리 마음에 묵직한 한 방을 날리는 이야기로 탄생했습니다. 주인공 폴리와 또 다른 주인공인 미세한 알갱이들을 따라가다 보면 이 희한한 수프가 어떻게 해서 만들어지는지 펼쳐집니다. '미세미세한 맛 플라수프'는 과연 어떤 모습일까요?

#플라스틱 #미세플라스틱 #환경 #환경보호 #재활용 #업사이클링

문해력 목표		• 플라스틱 종류에 대해 알 수 있다. • 플라스틱이 우리에게 미치는 영향을 알 수 있다. • 환경을 지키는 방법을 말할 수 있다.
문해력 질문	독전	• 미세하다는 뜻은 무엇인가요? • 미세미세한 맛은 어떤 맛일까요? • 표지에 보이는 물건들의 공통점은 뭐가 있나요? • 플라스틱 돌이라고 들어 봤나요?
	독후	• 플라스틱으로 만들어진 것은 무엇인가요? • 하수도를 타고 내려온 것은 무엇이었나요? • 플라스틱의 특징은 무엇인가요? • 작은 알갱이로 변한 플라스틱을 우리는 어떻게 먹게 되었나요? • 나만의 일회용품 다회활용법은 뭐가 있을까요? • '비헹섞'은 무슨 뜻인가요? • 플라스틱돌은 무엇이었나요? • 엄마가 만든 미세 플라수프는 어떤 재료로 만들었나요? • 미세미세한 플라수프 재료 중 어떤 걸 먹어 봤나요?
문해력 활동지		상상 플라스틱 레스토랑, 미세미세 플라스틱 미니북(부록 11번)
연계 도서		• 『지구를 지키는 가장 완벽한 방법!』, 션 테일러 글, 한나 쇼 그림, 곽정아 옮김, 단비어린이 • 『플라스틱 지구』, 조지아 암슨-브래드쇼 글, 김선영 옮김, 푸른숲주니어 • 『냠냠 플라스틱』, 이지 버크 글, 펠린 터거트 그림, 서희준 옮김, 계수나무 • 『나도 플라스틱을 줄일 수 있어요!』, 박윤재 글·그림, 도서출판 까불이 • 『미래가 온다, 플라스틱』, 김성화·권수진 글, 백두리 그림, 와이즈만북스

날짜 : 4월 21일　　　　이름: 김가빈

상상 플라스틱 레스토랑

와플스웨터 스테이크

스웨터 10장
칫솔 5개
지우개 2개

❶ **롤롤랄라 스파게티**

❷ 머리끈　20개
줄넘기　2개

파닥피닥 플라등어

페트병 5개
비닐봉지 3개
블럭 고고 11개

끄가드득 카드케익

교통카드 5개
뽀로로 음료수통 6개
머리핀 2개

❸ 분리수거　잘하자!,　비닐봉지　노노!

❶ 의태어나 의성어가 들어간 음식 이름을 지어 볼 수 있게 해 주세요. 플라스틱이 들어간 이름도 좋습니다.

❷ 책에 나온 여러 가지 플라스틱이 얼마나 들어갔을지 상상해 보고 쓸 수 있게 도와주세요.

❸ 환경을 지키기 위해 내가 할 수 있는 방법을 쓸 수 있도록 해 주세요.

상상 플라스틱 레스토랑

와플스웨터
스테이크

스웨터 10장
칫솔 5개
지우개 2개

추가 활동 부록 ⑪번을 오려서 미세미세 플라스틱 미니북을 만들어 보세요.

106

겁쟁이 이산

정하섭 글 | 전미화 그림 | 우주나무

정조 이산은 조선의 역대 왕 중에서 가장 완벽에 가까운 군주로 꼽힙니다. 이 책은 여느 위인전과 달리 정조의 업적보다는 어린 시절 이야기를 중심으로 구성되었습니다. 아버지 사도세자의 죽음을 지켜보며 무력감과 공포에 사로잡힌 소년 이산이 용기 있는 사람으로 거듭나는 이야기입니다.

#이산 #정조 #사도세자 #조선시대 #용기 #신념

문해력 목표	• 이산의 어린 시절에 대해 알아본다. • 겁이 많았던 이산에게 주고 싶은 선물을 생각해 본다.	
문해력 질문	독전	• 이산은 누구를 말하는 걸까요? • '이산' 하면 떠오르는 인물은 누구인가요? • 왜 '겁쟁이 이산'이라고 했을까요?
	독후	• 내가 만약 주인공처럼 아버지의 죽음을 지켜볼 수밖에 없는 상황이라면 어떨까요? • 주인공은 두려움을 어떻게 이겨 냈나요? • 두려움을 이겨 낸 경험이 있나요? • 겁이 많았던 주인공에게 이 시대의 물건을 선물해 준다면 어떤 것이 있을까요?
문해력 활동지	인물을 소개합니다, 과거로 선물을 보내 드립니다.	
연계 도서	• 『시간의 책장』, 김주현 글, 전명진 그림, 만만한책방 • 『어린 이산과 천자문의 비밀』, 정혜원 글, 김호랑 그림, 개암나무 • 『용기 모자』, 리사 데이크스트라 글, 마크 얀센 그림, 천미나 옮김, 책과콩나무 • 『용기를 내, 비닐장갑!』, 유설화 글·그림, 책읽는곰 • 『세상에서 가장 용감한 소녀』, 매튜 코델 글·그림, 비룡소 • 『꼬마 기사와 걱정 괴물』, 만카 카샤 글·그림, 김여진 옮김, 미운오리새끼 • 『다이빙』, 호아킨 캄프 글·그림, 김여진 옮김, 노는날	

2023 년 6 월 16 일 금 요일   작성자 : 장유진

① 두려움을 이겨낸

정조 이산

국적 : 조선시대   직업 : 왕

②
겁쟁이   # 공부
사도세자
조선 22대왕
참된용기
자객
존현각
울보

③
정 조 대왕이

조 선 에서 제일

이 롭다고

산 골짜기 까지 소문 났어요.

① 인물을 꾸며 주는 말을 적을 수 있도록 해 주세요.

② 인물을 떠올리면 생각나는 단어들을 쓸 수 있게 해 주세요.

③ 인물을 소개하는 이름 삼행시를 쓸 수 있게 해 주세요.

년 월 일 요일   작성자 :

정조 이산

국적 :   **직업 :**

\#
\#
\#
\#
\#
\#
\#

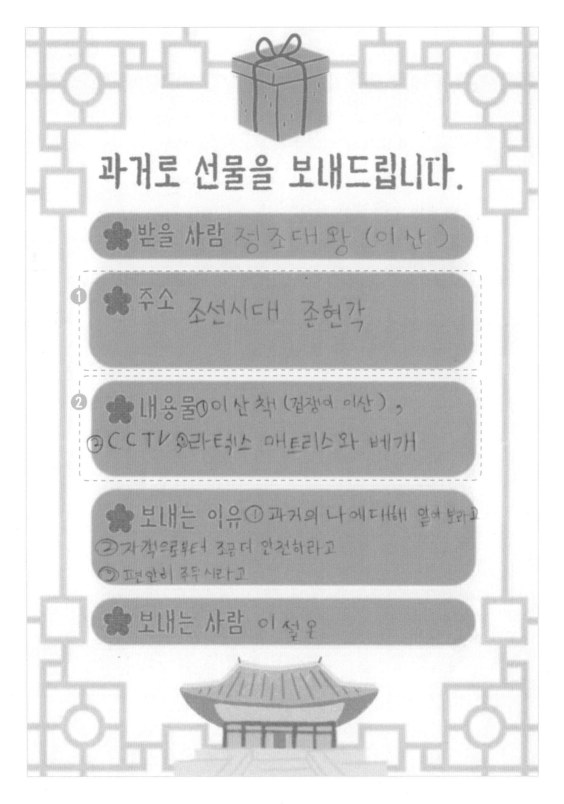

과거로 선물을 보내드립니다.

❀ 받을 사람 정조대왕 (이산)

① ❀ 주소 조선시대 존현각

② ❀ 내용물 ①이산 책 (정잘여 이산),
②CCTV ③라텍스 매트리스와 베개

❀ 보내는 이유 ①과거의 나에대해 얼어두라고
②자객으로부터 조금더 안전하라고
③편안히 주득시라고

❀ 보내는 사람 이설우

① 시대나 지역 명칭을 사용하여 주소를 만들 수 있도록 해 주세요.

② 인물에게 꼭 필요한 선물을 2가지 이상 쓰게 해 주세요.

110

과거로 선물을 보내드립니다.

✿ 받을 사람

✿ 주소

✿ 내용물

✿ 보내는 이유

✿ 보내는 사람

책벌레 이도

정하섭 글 | 조은희 그림 | 우주나무

세종대왕 이도의 일생을 관통하는 열쇳말로 '책벌레'를 제시합니다. 이도는 책에서 얻은 지식과 깨달음을 자신의 삶과 세상사에 연결 지어 생각의 폭과 깊이를 확장했습니다. 이도가 셋째 왕자임에도 왕위에 오르고 성군이 될 수 있었던 저력을 보여 주는 이야기입니다.

#이도 #책벌레 #세종대왕 #조선시대 #한글 #훈민정음 #가치있는삶

문해력 목표		• 책벌레 이도가 누구인지 알 수 있다. • 내가 좋아하는 것을 찾아본다.
문해력 질문	독전	• 주인공은 어떤 인물일까요? • 왜 그렇게 생각했나요? • 책벌레는 무슨 뜻일까요? • 왜 주인공에게 '책벌레'라는 별명이 생겼을까요? • '벌레'라는 말을 어떤 단어랑 더해서 쓸 수 있을까요?
	독후	• 주인공은 왜 책벌레였을까요? • 주인공처럼 계속해서 하고 싶은 것이 있나요? • 이 인물의 대단한 점 하나를 꼽는다면 무엇이 있을까요? • 가장 기억하고 싶은 문장이 있다면 어떤 것이 있을까요? • '이도는 책벌레, 나는 ○○벌레'로 표현해 본다면 어떻게 표현할 수 있을까요? • 어릴 적 주인공에게 선물해 주고 싶은 물건이 있을까요?
문해력 활동지		인물을 소개합니다, 과거로 선물을 보내 드립니다.
연계 도서		• 『세종대왕을 찾아라』, 김진 글, 정지윤 그림, 천개의바람 • 『세종대왕 독서법』, 조혜숙 글, 이승현 그림, 주니어RHK • 『세종 이도의 비밀』, 아이사랑 글, 정소연 그림, 아테나 • 『어부 아들 납시오』, 정진아 글, 최지경 그림, 아이앤북(I&BOOK) • 『이 뼈를 모두 누가 찾았게?』, 린다 스키어스 글, 마르타 미겐스 그림, 길상효 옮김, 씨드북 • 『라면왕, 안도』, 앤드리아 왕 글, 카나 우르바노비치 그림, 배형은 옮김, 찰리북

2023 년 6 월 16일 금 요일　　작성자 : 최서은

① 어려운 한자 대신, 한글을 만든

세종 이도

국적 : 조선시대　　**직업** : 왕

② # 책벌레　# 집현전
세종대왕　# 한글
훈민정음　# 백성
책
눈병
4대왕
이도

③ 세 종대왕은

종 일 모든 백성들을 위해

이 세상에서 한자보다 외우기 쉬운 한글을 만들어
　　　　　　　　　　　　　　백성들을

도 와 주셨다.

① 인물을 꾸며 주는 말을 적을 수 있도록 해 주세요.

② 인물을 떠올리면 생각나는 단어들을 쓸 수 있게 해 주세요.

③ 인물을 소개하는 이름 삼행시를 쓸 수 있게 해 주세요.

년 월 일 요일   작성자 :

세종 이도

국적 :   **직업 :**

\#
\#
\#
\#
\#
\#
\#

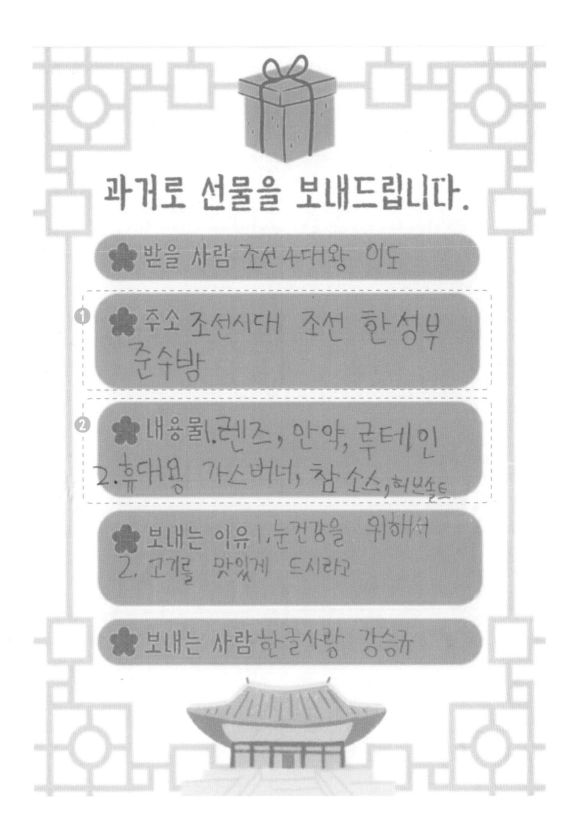

과거로 선물을 보내드립니다.

✿ 받을 사람 조선 4대왕 이도

❶ ✿ 주소 조선시대 조선 한성부 준수방

❷ ✿ 내용물 1. 렌즈, 안약, 루테인 2. 휴대용 가스버너, 참 소스, 허브솔트

✿ 보내는 이유 1. 눈건강을 위해서 2. 고기를 맛있게 드시라고

✿ 보내는 사람 한글사랑 강승규

❶ 시대나 지역 명칭을 사용하여 주소를 만들 수 있도록 해 주세요.

❷ 인물에게 꼭 필요한 선물을 2가지 이상 쓰게 해 주세요.

과거로 선물을 보내드립니다.

❀ 받을 사람

❀ 주소

❀ 내용물

❀ 보내는 이유

❀ 보내는 사람

나는 나 나혜석

정하섭 글 | 윤미숙 그림 | 우주나무

나혜석은 우리나라 최초의 여성 서양화가로 대중에게 알려져 있는데, 화가로서만이 아니라 작가로서도 발자취를 남겼습니다. 우리나라 여성으로는 최초로 세계 일주도 했습니다. 누구의 무엇이 아니라 오로지 자기 자신으로 살아간 나혜석의 삶은 오늘날에도 큰 울림을 줍니다. 그림 작가가 나혜석 캐릭터를 인상적으로 포착해 스타일 있는 그림책으로 완성했습니다.

#여성 #화가 #권리 #남녀평등 #차별 #사회활동 #나 #자존감

문해력 목표		• 남녀평등에 대해서 이해한다. • 주인공에게 본받을 점을 찾아본다. • 인물을 통해 당당함을 알 수 있다.
문해력 질문	독전	• 그림에서 여자는 뭐라고 말하고 있을까요? • 나혜석이라는 인물은 무엇을 했던 사람일까요? • 내가 알고 있는 화가는 누구인가요?
	독후	• 주인공에게 커서 뭐가 될 거냐고 묻지 않았던 이유는 무엇인가요? • 주인공은 어떤 마음으로 "내 이름 나혜석으로 평생 살겠어."라고 말했을까요? • "여자도 사람이외다."라고 외친 이유는 무엇일까요? • 차별이란 무엇일까요? • 책에서 말하는 차별은 무엇이었나요? • 주인공은 차별을 극복하기 위해 무엇을 했나요? • 내가 주인공처럼 차별을 받는다면 어떤 행동을 했을까요? • 당당하게 외쳤던 주인공에게 응원의 선물을 한다면 무엇을 보내 줄까요?
문해력 활동지		인물을 소개합니다, 과거로 선물을 보내 드립니다.
연계 도서		• 『나혜석: 한국의 첫 여성 서양화가』, 권행가 글, 나무숲 • 『여자라서 안 되는 건 없어요: 나혜석』, 고영이 글, 이지선 그림, 한국차일드아카데미 • 『여자답게 당당하게』, 로리 디그먼 글, 마라 페니 그림, 홍연미 옮김, 국민서관 • 『사라, 버스를 타다』, 윌리엄 밀러 글, 존 워드 그림, 박찬석 옮김, 사계절

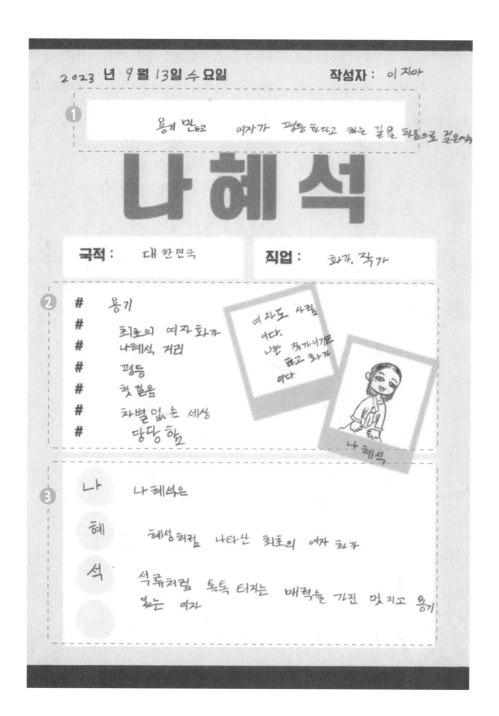

① 인물을 꾸며 주는 말을 적을 수 있도록 해 주세요.

② 인물을 떠올리면 생각나는 단어들을 쓸 수 있게 해 주세요.

③ 인물을 소개하는 이름 삼행시를 쓸 수 있게 해 주세요.

년 월 일 요일   작성자 :

나 혜 석

국적 :   **직업 :**

\#
\#
\#
\#
\#
\#
\#

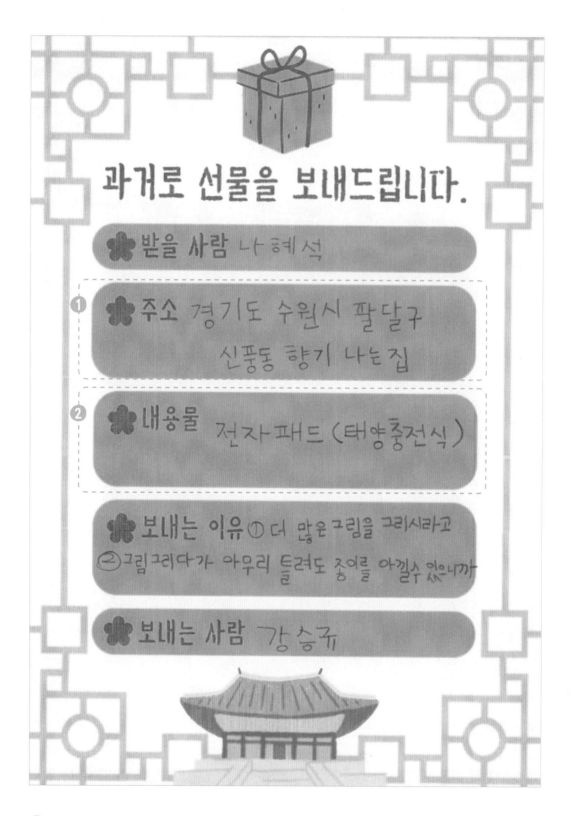

과거로 선물을 보내드립니다.

✿ 받을 사람 나혜석

❶ ✿ 주소 경기도 수원시 팔달구
　　　　　 신풍동 향기 나는 집

❷ ✿ 내용물 전자패드 (태양충전식)

✿ 보내는 이유 ① 더 많은 그림을 그리시라고
　　　　② 그림그리다가 아무리 틀려도 종이를 아낄수 있으니까

✿ 보내는 사람 강승기

❶ 시대나 지역 명칭을 사용하여 주소를 만들 수 있도록 해 주세요.

❷ 인물에게 꼭 필요한 선물을 2가지 이상 쓰게 해 주세요.

과거로 선물을 보내드립니다.

✿ 받을 사람

✿ 주소

✿ 내용물

✿ 보내는 이유

✿ 보내는 사람

손 큰 통 큰 김만덕

정하섭 글 | 윤정주 그림 | 우주나무

김만덕은 낙천적이고 활력 넘치는 캐릭터로 나눔의 미덕을 실천했어요. 그가 살았던 조선 후기보다 오늘날에 오히려 본보기가 될 만한 여성상이지요. 어려운 처지나 제도, 관습에 굴하지 않고 자신의 세계를 열어 간 당찬 여성의 삶을 다룬 책입니다. 어린 시절 중심의 이야기와 제주도를 배경으로 한 생기 있는 그림이 어우러져 긍정의 에너지를 전해 줍니다.

#나눔 #미덕 #당당함 #자존감 #여성 #위인 #제주도 #베풂

문해력 목표		• 주인공의 어린 시절을 알 수 있다. • 주인공에게 본받을 점을 찾아본다. • 인물을 통해 베풂의 의미를 안다.
문해력 질문	독전	• 자신의 한계를 이겨 내고 다른 사람을 위해 희생했던 여성 인물을 알고 있나요? • 손이 크다는 것은 무슨 뜻일까요? • 통이 크다는 것은 무슨 뜻일까요? • 통이 크고 손이 큰 김만덕은 무엇을 하는 사람일까요?
	독후	• 어릴 적 주인공은 어떤 아이였나요? • '비어야 차는 것이다.'라는 말의 뜻은 무엇일까요? • 주인공의 객주가 잘된 이유는 무엇일까요? • 주인공이 가진 모든 것을 다른 사람을 위해 나눠 주고 베풀며 살 수 있었던 까닭은 무엇인가요? • 어려운 사람을 돕기 위한 방법은 무엇이 있을까요? • 주인공처럼 나도 남을 위해 도움을 준 일이 있나요? • 만약 주인공을 만날 수 있다면 무슨 말을 하고 싶나요? • 베풀기만 했던 주인공에게 무슨 선물을 보내주고 싶나요?
문해력 활동지		인물을 소개합니다. 과거로 선물을 보내 드립니다.
연계 도서		• 『김만덕의 가마솥』, 홍기운 글, 이지후 그림, 밝은미래 • 『김만덕』, 정진 글, 유영주 그림, 좋은책어린이 • 『과랑과랑 만덕 할망: 김만덕』, 유아소 글, 최은영 그림, 한국차일드아카데미 • 『욕심쟁이 딸기 아저씨』, 김유경 글·그림, 노란돼지

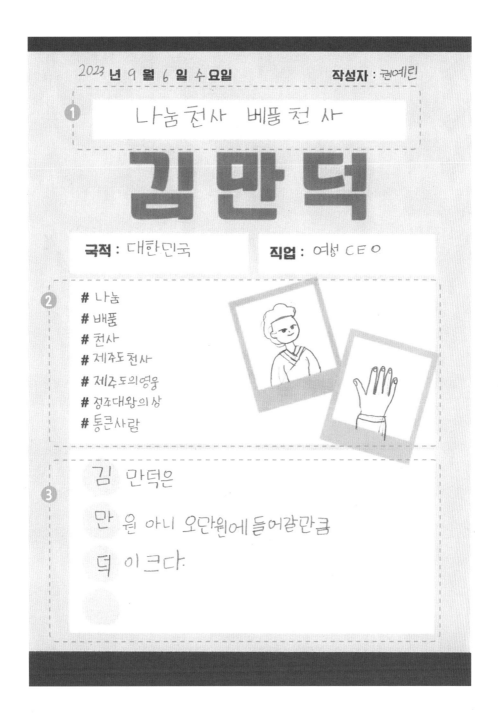

2023 년 9 월 6 일 수요일　　　작성자 : 권예린

① 나눔천사 베품천사

김만덕

국적 : 대한민국　　　**직업 :** 여성 CEO

②
\# 나눔
\# 배품
\# 천사
\# 제주도천사
\# 제주도의영웅
\# 정조대왕의상
\# 통큰사람

③
김 만덕은

만 원 아니 오만원에 들어갈만큼

덕 이 크다.

① 인물을 꾸며 주는 말을 적을 수 있도록 해 주세요.

② 인물을 떠올리면 생각나는 단어들을 쓸 수 있게 해 주세요.

③ 인물을 소개하는 이름 삼행시를 쓸 수 있게 해 주세요.

123

년 월 일 요일   작성자 :

김 만 덕

국적 :   **직업 :**

\#
\#
\#
\#
\#
\#
\#

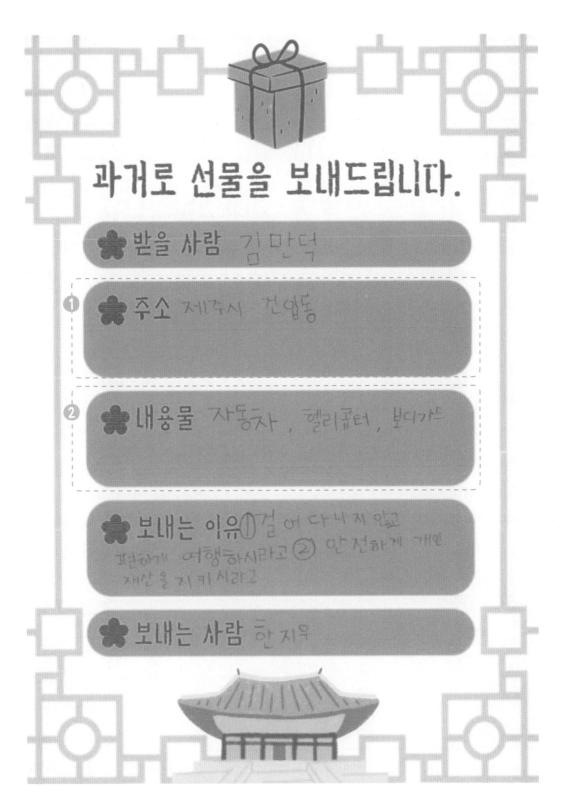

과거로 선물을 보내드립니다.

✿ 받을 사람 김만덕

❶ ✿ 주소 제주시 건업동

❷ ✿ 내용물 자동차 , 헬리콥터 , 보디가드

✿ 보내는 이유 ① 걸어 다니지 않고
편하게 여행하시라고 ② 안전하게 개인
재산을 지키시라고

✿ 보내는 사람 한지유

❶ 시대나 지역 명칭을 사용하여 주소를 만들 수 있도록 해 주세요.
❷ 인물에게 꼭 필요한 선물을 2가지 이상 쓰게 해 주세요.

125

과거로 선물을 보내드립니다.

❀ 받을 사람

❀ 주소

❀ 내용물

❀ 보내는 이유

❀ 보내는 사람

126

괴물이 오면

안정은 글·그림 | 이야기꽃

깜깜한 밤이면 커다랗고 무서운 괴물이 옵니다. 그런데 멀고 먼 괴물 나라에서 괴물은 어떻게 우리 집까지 오는 걸까요? 아이를 잠 못 들게 하는 두려운 상상이 펼쳐지는 책입니다.

#괴물 #밤 #두려움 #무서움 #상상 #괴물나라 #두려움물리치는방법 #잠

문해력 목표		• 괴물에 대해 즐거운 상상을 할 수 있다. • 나만의 특별한 괴물을 표현할 수 있다. • 내가 표현한 괴물의 능력을 상상해 본다.
문해력 질문	독전	• 괴물은 과연 있을까요? • 괴물은 어떻게 생겼을까요? • 괴물은 어디에서 올까요? • 괴물을 만나면 어떨까요?
	독후	• 괴물나라에는 어떤 괴물이 있었나요? • 괴물이 집으로 돌아가는 방법은 무엇일까요? • 내가 상상하는 괴물은 어떤 모습인가요? • 내가 상상하는 괴물의 이름은 무엇인가요? • 내가 상상하는 괴물의 특별한 능력은 무엇인가요? • 괴물이 우리 집에 온다면 어떤 방법으로 올까요? • 괴물을 만나면 무슨 말을 하고 싶나요? • 우리 집에서 괴물과 함께 무엇을 하고 싶나요?
문해력 활동지		내가 초대하고 싶은 괴물은?
연계 도서		• 『괴물들이 사는 나라』, 모리스 샌닥 글·그림, 강무홍 옮김, 시공주니어 • 『별을 삼킨 괴물』, 민트래빗 플래닝 글·그림, 민트래빗 • 『깜깜이』, 이영림 글·그림, 한림출판사 • 『침대 밑에 괴물이 있어요!』, 안젤리카 글리츠 글, 임케 죄니히젠 그림, 김라합 옮김, 웅진주니어

🍀 문해력 톡톡 활동지

부록 ⑫번에 있는 주사위를 만들어서 준비해 주세요. 주사위를 굴려서 나오는 모양으로
괴물을 완성해 보세요. 괴물을 잘 관찰하고 어울리는 이름도 지을 수 있도록 해 주세요.

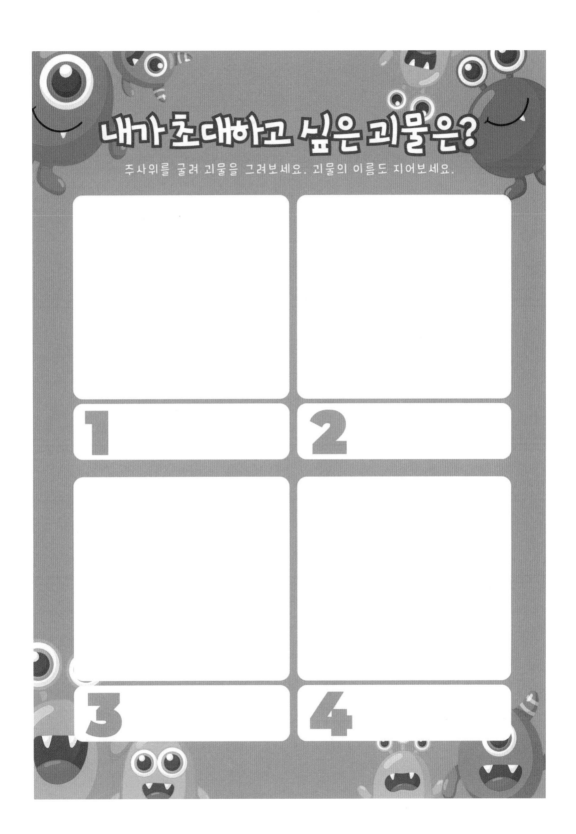

내가 초대하고 싶은 괴물은?

주사위를 굴려 괴물을 그려보세요. 괴물의 이름도 지어보세요.

1

2

3

4

내가 초대하고 싶은 괴물은?

주사위를 굴려서 몸통, 눈, 입, 팔, 다리 순서대로 괴물을 완성해주세요.

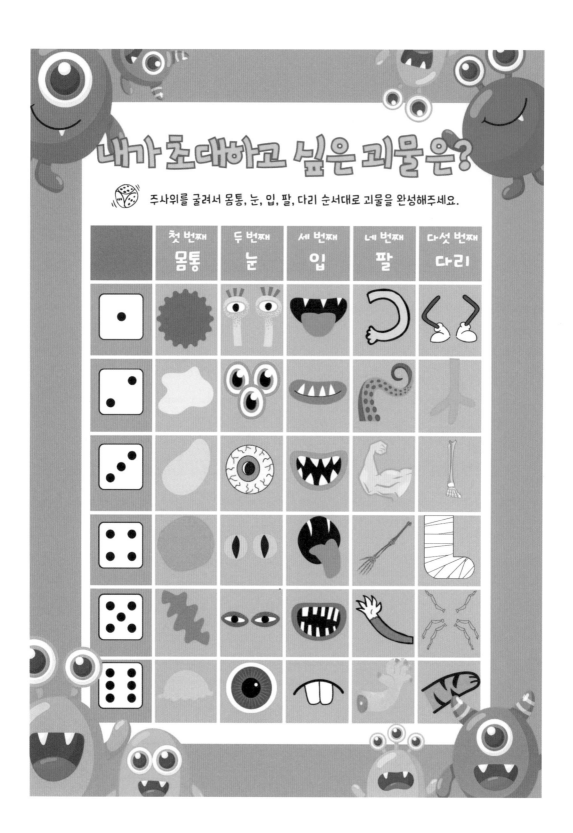

오늘은 수영장일까?

토모 미우라 글·그림 | 김시아 옮김 | 위즈덤하우스

아이는 수영장에서 물놀이를 할 생각에 들뜹니다. 하지만 월요일의 수영장은 사람이 너무 많고, 화요일의 수영장은 낚시터로 변해 있고, 수요일의 수영장은 스케이트장이 되어 있습니다.

과연 아이는 원하는 대로 물놀이를 즐길 수 있을까요? 날마다 변신하는 수영장과 물에서 실컷 놀고 싶은 아이! 두근두근 수영장 도전기가 펼쳐지는 책입니다.

#유쾌함 #상상력 #수영장 #긍정 #긍정의힘 #끈기 #도전 #설렘

문해력 목표	• 유쾌한 상상을 할 수 있다. • 긍정적으로 문제를 해결하는 힘을 키운다. • 나만의 특별한 수영장을 표현할 수 있다.	
문해력 질문	독전	• 수영장에 가 본 적이 있나요? • 수영장에 갈 때 무엇이 필요한가요? • 표지 그림 속 수영장에 왜 물고기가 있을까요? • 제목을 '오늘은 수영장일까?'라고 한 이유는 무엇일까요? • 오늘이 수영장이 아니라면 무엇일까요?
	독후	• 주인공이 화요일에 수영장을 갈 때 챙겨 간 것은 무엇인가요? • 수영을 제대로 할 수 없었지만 "내일 다시 올게!"라고 한 이유는 무엇인가요? • 매일 변신하는 수영장에 가게 된다면 어떤 수영장에 가고 싶나요? • 상상대로 변신한 수영장을 그려 본다면 어떤 모습일까요? • 변신한 수영장에 가져가고 싶은 물건을 챙긴다면 무엇이 있을까요?
문해력 활동지	펼쳐라! 수영장	
연계 도서	• 『그것만 있을 리가 없잖아』, 요시타케 신스케 글·그림, 고향옥 옮김, 주니어김영사 • 『밀리의 특별한 모자』, 기타무라 사토시 글·그림, 문주선 옮김, 베틀북 • 『우다다다 달려 마을』, 야둥 글, 마이크 샤오쿠이 그림, 류희정 옮김, 한림출판사 • 『오이 동그라미』, 최윤혜 글·그림, 시공주니어 • 『문어 바다 변신마을』, 남미리 글·그림, 아스터로이드북 • 『구이 꼬칫집』, 흥흥 글·그림, 씨드북	

🍀 문해력 톡톡 활동지

부록 ⑬번을 오려서 만들어 보세요.

① 수영장에 갈 때 필요한 것들을 그리거나 써 주세요.

② 변신할 수영장과 어울리는 것을 쓰거나 그려 주세요.

펼쳐서 변신한 수영장을 그려 주세요.(예: 축구공→축구장 수영장, 수박→수박 수영장, 꽃→정원 수영장)

비를 좋아하는 장화

김난지 글 | 조은비후 그림 | 봄개울

초록 장화는 비 오는 날마다 아이와 신나게 뛰어 놀았는데 이제 아이 발에 작아져서 버려지고 말았습니다. 빗속에서 놀지도 못하고 쓸쓸하게 잊혀질 그때, 장화가 멋진 모습으로 변신합니다.

앞으로 초록 장화는 어떻게 될까요? 비를 좋아하는 초록 장화가 다시 비를 맞으며 시원하고 상쾌한 여름을 맞을 수 있을까요?

#여름 #장화 #비 #상상 #예술 #변화 #쓰임 #재사용

문해력 목표		• 장화의 용도를 안다. • 의성어와 의태어를 활용할 수 있다. • 장화를 새롭게 변신시켜 볼 수 있다.
문해력 질문	독전	• 무엇을 좋아하는 장화일까요? • 장화는 언제 신나요? • 장화의 기분은 어떤가요?
	독후	• 내가 짓고 싶은 신발 가게 이름은 무엇인가요? • 신발 가게에 혼자 남은 초록 장화의 마음은 어땠을까요? • 가게에 진열된 장화 중 어떤 장화를 선택할까요? • 그 장화를 선택한 이유는 무엇인가요? • 환이는 초록 장화를 신고 어디에 갔나요? • 환이는 겨울에 왜 장화를 신지 않았나요? • 다시 봄이 되었을 때 환이는 왜 장화를 던졌나요? • 엄마는 작아진 장화를 어떻게 했나요? • 나라면 작아진 장화를 어떻게 할까요?
문해력 활동지		○○ 좋아하는 장화, 내가 만든 장화
연계 도서		• 『박스 놀이터』, 서석영 글, 조은비후·유치환 그림, 바우솔 • 『안녕? 종이 상자야』, 수잰 퍼시 글, 기젤라 보헤르케즈 그림, 김은재 옮김, 키즈엠 • 『요셉의 작고 낡은 오버코트가』, 심스 태백 글·그림, 김정희 옮김, 베틀북 • 『비 오니까 참 좋다』, 오나리 유코 글, 하타 고시로 그림, 황진희 옮김, 나는별

① 장화가 무엇을 좋아할지 상상해 보고 빈칸을 채울 수 있도록 도와주세요.

② 장화가 좋아하는 것을 그리게 도와주세요.

좋아하는 장화

날짜: 이름 :

첨벙첨벙 ①

보라보라 ②

짜: 3시11   이름: 이하윤

내가 만든 장화를 신발 가게에서 팔아볼까요?
신발 가게의 이름을 짓고, 팔고 싶은 장화를 꾸며주세요.

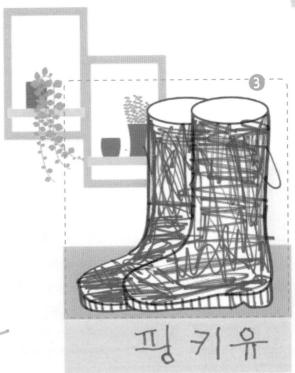

③

핑키유

① 색칠 도구 외에 스티거나 색종이로 꾸며도 좋아요.

② 가게 이름은 흉내 내는 말로 쓸 수 있도록 도와주세요.

③ 장화의 이름은 모양이나 색깔을 고려해서 지을 수 있도록 도와주세요.

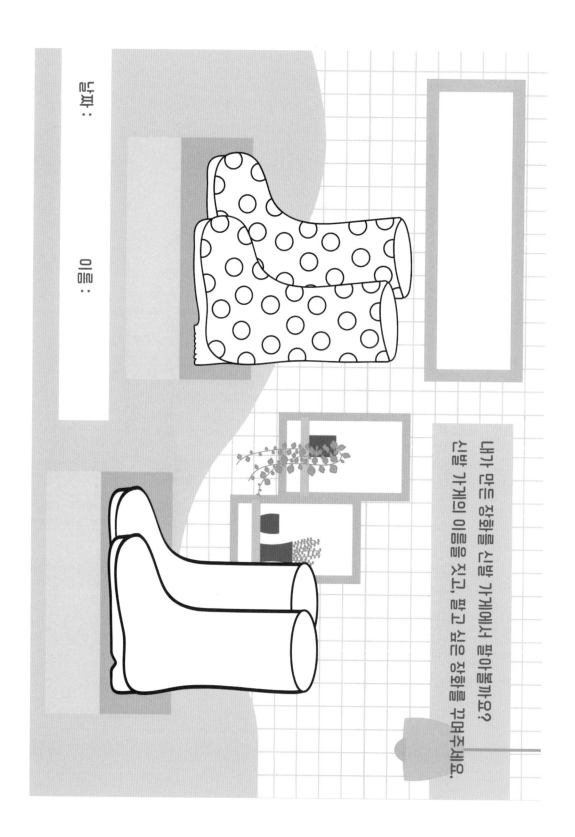

내가 만든 장화를 신발 가게에서 팔아볼까요?
신발 가게의 이름을 짓고, 팔고 싶은 장화를 꾸며주세요.

날짜 :

이름 :

138

지우헤어

안단테 글 | 윤소진 그림 | 우주나무

지우헤어는 헤어디자이너 지우 씨가 운영하는 1인 미용실입니다. 지우헤어를 찾는 손님들은 미용실에 들어올 때와 나갈 때 머리뿐만 아니라 마음 상태가 확연히 다릅니다. 지우 씨만의 마법이랄까요? 온 마음을 다해 손님을 대하고 최선을 다해 일하는 지우 씨의 특별함을 그린 책입니다.

#헤어 #미용실 #최선 #만족 #마음읽기 #행복

문해력 목표		• 다양한 직업에 관심을 갖는다. • 나에게 주어진 일에 대해 최선을 다하는 마음을 갖는다. • 긍정적인 사고와 태도를 갖는다. • 상대방의 마음을 이해한다.
문해력 질문	독전	• 표지 속 인물의 직업은 무엇일까요? • 미용실 가는 것을 좋아하나요? • 좋아하는 헤어스타일이 있나요? • 내가 염색해 보고 싶은 색깔은 무엇인가요?
	독후	• 으르렁 도령은 머리를 손질한 후 어떻게 보였나요? • 뽀로통 아가씨가 머리를 하는 중에 잠이 들었는데, 지우 씨는 왜 기다려 주었나요? • 손님 중에 가장 행복해 보이는 사람은 누구인가요? • 지우 씨가 손님들이 만족하는 머리를 해 줄 수 있었던 이유는 무엇인가요? • 누군가를 통해 행복한 감정을 느껴 본 적이 있나요? • 내가 만약 미용사라면 어떤 헤어스타일로 해 주고 싶나요?
문해력 활동지		뭔가 특별한 헤어스타일
연계 도서		• 『코끼리 미용실』, 최민지 글·그림, 노란상상 • 『미용실에 간 사자』, 브리타 테큰트럽 글·그림, 이선오 옮김, 키즈엠 • 『우주 미용실』, 남궁선 글·그림, 리젬 • 『나뭇잎 손님과 애벌레 미용사』, 이수애 글·그림, 한울림어린이 • 『아주 신기하고 이상하고 재미있는 변신 미용실』, 쓰카모토 야스시 글·그림, 서지연 옮김, 길벗어린이

부록 ⑭번을 오려서 다양한 헤어스타일을 완성할 수 있게 해 주세요. 부록에 있는
헤어스타일을 그대로 사용해고 좋고, 자르거나 합쳐서 사용해도 좋아요.

뭔가 특별한
헤어 스타일

✂ 날짜 : 6 / 9   이름 : 최여은 ✂

헤어 스타일 이름 :
똑똑 스타일
특별한 능력 :
똥머리를 떼어 내면
지식을 알려줘요.

헤어 스타일 이름 :
땐스땐스 스타일
특별한 능력 :
어떤 음악이 나와도
춤을 출수 있어요.

눈이 오는 소리

천미진 글 | 홍단단 그림 | 키즈엠

눈을 좋아하는 아이와 그 아이를 위해 특별한 결심을 한 눈송이들의 이야기를 담은 그림책입니다. 추운 겨울에 움츠러든 마음을 따뜻하게 보듬어 줄 다정하고 아름다운 상상력이 듬뿍 담겨 있습니다. 눈을 좋아하는 아이의 순수한 마음을 세심하게 담고, 아이를 위해 소리를 내기로 결심한 귀여운 눈송이들의 이야기를 유쾌하게 풀어냈습니다.

#눈 #눈송이 #눈이오는소리 #순수한마음

문해력 목표	• 눈 오는 풍경을 상상해 본다. • 눈이 오는 소리를 흉내 내는 말로 표현할 수 있다. • 흉내 내는 말을 넣어 동시를 써 볼 수 있다.	
문해력 질문	독전	• 겨울 하면 생각나는 것은 무엇인가요? • 눈이 오는 것을 기다려 본 적이 있나요? • 눈이 오는 것을 알 수 있는 방법이 있을까요? • 눈이 올 때 소리를 들어 본 적이 있나요?
	독후	• 눈이 올 때 표현된 소리 중 가장 기억에 남는 것은 무엇인가요? • 만약 눈이 내리면서 소리를 낸다면 어떨까요? • 나라면 눈이 내리는 소리를 어떻게 표현해 보고 싶나요? • 눈이 내리는 소리를 흉내 내는 말로 한다면 어떻게 표현할 수 있을까요? • 흉내 내는 말을 넣어 동시를 써 볼까요?
문해력 활동지	눈이 오나 봐	
연계 도서	• 『눈아이』, 안녕달 글·그림, 창비 • 『눈이 들려주는 10가지 소리』, 캐시 캠퍼 글, 케나드 박 그림, 홍연미 옮김, 길벗어린이 • 『눈이 오면』, 이희은 글·그림, 웅진주니어 • 『온 세상이 하얗게』, 이석구 글·그림, 고래이야기 • 『눈 온다!』, 우은선 글, 이준선 그림, 걸음동무	

눈이 오나 봐

이름 : 김수민

❷
| 둥 | 굴 | 둥 | 글 | | |

눈이 오나 봐

| 포 | 숭 | 푼 | 송 | | |

눈이 오나 봐

| 숭 | 숭 | | | | |

눈이 오나 봐

| 포 | 드 | 득 | 포 | 드 | 득 |

눈이 오나 봐

❶ 눈송이 안에 눈이 내릴 때 나는 소리를 상상해서 쓸 수 있게 해 주세요.

❷ 눈송이 속 단어를 활용하여 빈칸을 채우고 동시를 완성할 수 있게 해 주세요.

눈이 오나 봐

이름 :

눈이 오나 봐

눈이 오나 봐

눈이 오나 봐

눈이 오나 봐

여름, 제비

구윤미·김민우 글·그림 | 노란상상

반가운 제비 가족의 모습, 한적한 시골 마을의 풍경, 여름의 시작을 알리는 빗소리 등이 한데 어우러진 이야기와 그림을 통해 그리운 추억 속으로 여행을 떠날 수 있는 그림책입니다. 어려운 상황 속에 홀로 남겨진 새끼 제비를 응원하는 아이의 다정한 마음도 엿볼 수 있습니다.

#여름 #제비 #비행연습 #응원 #다정한마음 #철새

문해력 목표	• 주변에서 볼 수 있는 새를 관찰해 본다. • 철새와 텃새를 구분할 수 있다.	
문해력 질문	독전	• 우리가 주변에서 흔히 볼 수 있는 새는 어떤 것이 있나요? • 표지에 있는 새는 어떤 새일까요? • 표지에 있는 새를 본 적이 있나요? • 표지에 있는 새가 나오는 이야기를 알고 있나요? • 표지 속 소녀는 무슨 생각을 하고 있을까요?
	독후	• 소녀가 만난 새의 둥지는 어디에 있었나요? • 비 오는 날 엄마 새는 새끼들과 무엇을 하고 있었나요? • 소녀가 새똥을 맞았을 때 할머니들은 뭐라고 이야기하셨나요? • 소녀에게 뜻밖의 선물은 어떤 것이었나요? • 철새란 어떤 새를 말하는 걸까요? • 여름 철새와 겨울 철새에는 어떤 새들이 있을까요? • 텃새란 어떤 새를 말하는 것일까요? • 텃새에는 어떤 새들이 있을까요?
문해력 활동지	철새와 텃새를 찾아라!, 철새와 텃새 미니북(부록 15번)	
연계 도서	• 『나야, 제비야』, 이상대 글, 윤봉선 그림, 원병오 감수, 봄나무 • 『제비의 한 해』, 토마스 뮐러 글·그림, 한윤진 옮김, 한솔수북 • 『달님똥 - 방울새 쉼터』, 김민정 글, 정다분 그림, 한국차일드아카데미 • 『제비는 왜 강남으로 갈까?』, 김영이 글, 이효진 그림, 한국가우스 • 『철새야, 안녕!』, 장종택 글, 서유진 그림, 엔이키즈(NE Kids) • 『한밤의 철새 통신』, 전현정 글, 이경석 그림, 파란자전거	

철새와 텃새를 찾아라!

철새와 텃새의 이름이 가로, 세로로 놓여있어요. 글자판에서 철새와 텃새의 이름을 찾아보세요.

철새 : 제비, 청둥오리, 꾀꼬리, 개똥지빠귀
텃새 : 참새, 까치, 까마귀, 멧비둘기

참	새	정	박	두	청	민
줄	눈	까	마	귀	둥	강
개	오	나	피	제	오	새
똥	랑	지	렁	꾀	리	물
지	이	까	치	꼬	하	우
빠	상	죽	랑	리	박	각
귀	제	할	멧	비	둘	기
미	비	새	강	속	하	바

철새와 텃새를 찾아라!

철새와 텃새의 이름이 가로, 세로로 놓여있어요. 글자판에서 철새와 텃새의 이름을 찾아보세요.

철새 : 제비, 청둥오리, 꾀꼬리, 개똥지빠귀
텃새 : 참새, 까치, 까마귀, 멧비둘기

참	새	정	박	두	청	민
줄	눈	까	마	귀	둥	강
개	오	나	피	제	오	새
똥	랑	지	렁	꾀	리	물
지	이	까	치	꼬	하	우
빠	상	죽	랑	리	박	깍
귀	제	할	멧	비	둘	기
미	비	새	강	속	하	바

추가 활동 부록 ⑮번을 오려서 철새와 텃새 미니북을 만들어 보세요.

가을에게, 봄에게

사이토 린·우미카루 글 | 요시다 히사노리 그림 | 이하나 옮김 | 창비

계절의 변화가 느껴지고 주변의 풍경이 바뀔 때 우리는 문득 아끼는 이들의 안부가 궁금해집니다. 그럴 때 그리운 마음을 담은 손 편지를 써 보면 어떨까요? 영원히 만날 수 없는 친구인 '봄'과 '가을'이 편지를 주고받는다는, 사랑스러운 상상력이 빛나는 그림책입니다.

#봄 #가을 #안부 #그리움 # 편지 #친구 #계절 #우정

문해력 목표	• 계절의 특징을 알 수 있다. • 내가 좋아하는 계절의 특징을 말할 수 있다. • 편지글을 쓸 수 있다.	
문해력 질문	독전	• 나는 따뜻하기도 하고 차갑기도 한 계절이에요. 나는 누구일까요? • 나는 여름도 만나고 겨울도 만나는 계절이에요. 나는 누구일까요? • 표지에 있는 아이는 무슨 생각을 하고 있을까요? • 내가 알고 있는 봄의 특징은 무엇인가요? • 내가 알고 있는 가을의 특징은 무엇인가요?
	독후	• 봄은 왜 가을을 만난 적이 없나요? • 가을을 왜 '따뜻하고 차가운 애'라고 할까요? • 봄이와 가을이는 서로 알고 있는 것을 어떻게 알려 줬나요? • 봄이 가을에게, 가을이 봄에게 알려 준 것은 무엇인가요? • 지금은 어떤 계절인가요? • 지금 계절이 알지 못하는 계절을 생각해 보고 편지를 써 볼까요?
문해력 활동지	너에게 쓰는 편지	
연계 도서	• 『계절의 냄새』, 양양 글·그림, 노란상상 • 『단풍편지』, 기쿠치 치키 글·그림, 황진희 옮김, 웅진주니어 • 『잠자리 편지』, 한기현 글·그림, 글로연 • 『눈사람이 보낸 편지』, 캐스린 화이트 글, 앨리슨 에드슨 그림, 최용은 옮김, 키즈엠 • 『봄일까? 가을일까?』, 박종진 글, 김하나 그림, 키즈엠 • 『봄꽃이 궁금해 봄 속으로 풍덩』, 주미경 글, 김연주 그림, 키즈엠	

❶ 봄이 되어 가을에게 편지를 써 보세요. 내 소개도 하고, 안부를 묻거나 궁금한 점을 물어봐 주세요.

❷ 가을이 되어 봄에게 편지를 써 보세요. 내 소개도 하고, 안부를 묻거나 궁금한 점을 물어봐 주세요.

가을에게

봄이가

봄이가 가을에게 보여주고 싶은 봄의 모습

가을에게 보여주고 싶은 봄의 모습

가을에게

봄이가

150

할아버지의 정원

신여다야 글 | 신소담 그림 | 단비어린이

봄, 여름, 가을, 겨울 이렇게 계절이 바뀌어도 할머니를 잃은 할아버지의 슬픔은 좀처럼 사라지지 않았어요. 할아버지는 오늘도 홀로 할머니를 잃은 그날처럼 우두커니 앉아 옴짝달싹하지 않았지요.

그러던 어느 날 할아버지가 바빠졌어요. 그뿐만이 아니에요. 할아버지의 슬픔 가득한 얼굴은 어느새 사라지고, 할아버지의 두 볼에 웃음 보조개 연못까지 생겨났지요. 무엇이 할아버지를 다시 웃음 짓게 한 걸까요?

#정원 #텃밭 #텃밭가꾸기 #가꾸기 #자연 #가족 #위로 #가족사랑

문해력 목표		• 할머니를 그리워하는 할아버지의 마음을 헤아려 볼 수 있다. • 가족의 사랑을 느낄 수 있다. • 할아버지의 텃밭을 표현해 볼 수 있다.
문해력 질문	독전	• 표지에 있는 사람들은 무엇을 들고 있나요? • 할아버지의 정원에는 무엇이 있을까요? • 할아버지의 정원에서는 어떤 일이 일어날까요?
	독후	• 할머니를 떠나보낸 할아버지의 마음은 어땠을까요? • 아빠는 할아버지를 위해 무엇을 만들었나요? • 밭을 일구는 아빠를 바라보는 할아버지의 마음은 어땠을까요? • 할아버지의 텃밭에는 무엇이 있었나요? • '보조개 연못에 웃음 풍년 든다.'는 말은 무슨 뜻일까요? • 나라면 할머니를 그리워하는 할아버지를 위해서 무엇을 할까요?
문해력 활동지		할아버지의 텃밭
연계 도서		• 『사랑이 반짝이는 정원』, 유태은 글·그림, 미디어창비 • 『상추씨』, 조혜란 글·그림, 사계절 • 『할머니의 뜰에서』, 조던 스콧 글, 시드니 스미스 그림, 김지은 옮김, 책읽는곰 • 『할머니, 어디 가요? 쑥 뜯으러 간다!』, 조혜란 글·그림, 보리

✿ 문해력 톡톡 활동지

부록 **16**번의 채소 사진을 활용하여 할아버지의 텃밭을 완성해 보세요.

할아버지의 텃밭 채소들 안에는 어떤 마음이 들어 있을지 생각해 보고 쓸 수 있게 해 주세요.
할아버지의 마음 텃밭에는 어떤 마음들이 채워져 있을지 생각해 보고 쓸 수 있게 해 주세요.

할아버지의 텃밭 에는 무엇이 있을까요?

날짜 :
이름 :

줄줄이 꿴 호랑이

권문희 글·그림 | 사계절

하루 종일 꼼짝 않는 게으름뱅이! 정자나무만큼 자라는 참깨! 호랑이 뱃속도 미끄러져 나오는 기름 강아지! 밤새 한 줄에 꿰인 온 산의 호랑이! 허풍 속에 스며 있는 '벼락부자 되어 잘 먹고, 잘 살고 싶은' 보통 사람의 꿈 이야기입니다.

#전래동화 #게으름뱅이 #호랑이 #줄줄이 #지혜 #꾀 #벼락부자 #위안

문해력 목표		• 호랑이가 나오는 전래 동화를 말할 수 있다. • 책을 읽으며 다음에 이어질 이야기를 상상해 본다. • 책 속의 단어를 정리해 본다.
문해력 질문	독전	• 전래 동화 중 호랑이가 나오는 이야기는 무엇이 있을까요? • 이야기 나눈 전래 동화 속 호랑이는 어떤 모습으로 그려졌나요? • 표지 속 호랑이는 어떤 모습인가요? • 호랑이를 바라보고 있는 강아지는 어떤 모습인가요? • '줄줄이 꿰다.'라는 말은 무슨 뜻일까요?
	독후	• 게으름뱅이라고 생각했던 아이는 어떻게 해서 큰 부자가 되었나요? • 만약 내가 주인공과 같은 상황이었다면 어떻게 했을까요? • '줄줄이 꿴 호랑이'처럼 호랑이가 나오는 책 제목을 나열해 보세요. • 책 속에 나와 있는 단어를 가지고 끝말잇기가 되도록 단어를 적어 주세요.
문해력 활동지		줄줄이 꿴 이야기
연계 도서		• 『저승사자에게 잡혀간 호랑이』, 김혜미 글, 최미란 그림, 사계절 • 『호랑이 뱃속 잔치』, 신동근 글·그림, 사계절 • 『팥죽 호랑이와 일곱 녀석』, 최은옥 글, 이준석 그림, 국민서관 • 『은혜 갚은 호랑이』, 정은미 글, 한서윤 그림, 인북 • 『호랑이 형님』, 우현옥 글, 이미리 그림, 봄볕 • 『해와 달이 된 오누이』, 홍영우 글·그림, 보리 • 『말놀이 동시집』, 최승호 글, 윤정주 그림, 비룡소 • 『최승호·방시혁의 말놀이 동요집』, 최승호 글, 윤정주 그림, 방시혁 작곡, 비룡소 • 『뚱보 임금님 세종의 긁적긁적 말놀이』, 조은수 글·그림, 웅진주니어 • 『호랭이 꼬랭이 말놀이』, 오호선 글, 남주현 그림, 길벗어린이

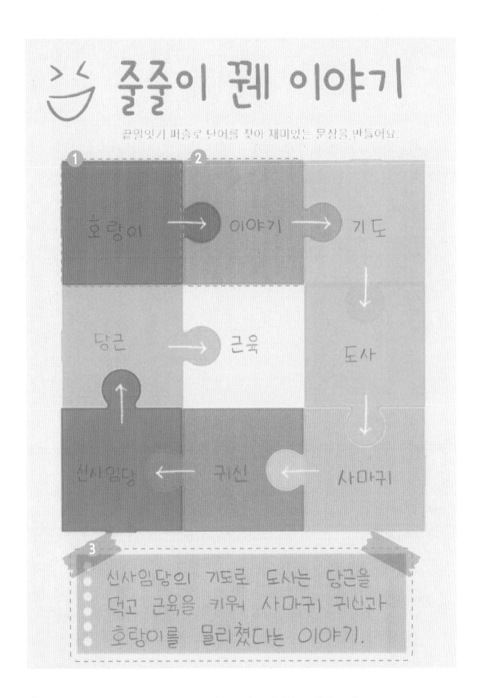

줄줄이 꿰 이야기

끝말잇기 퍼즐로 낱말을 찾아 재미있는 문장을 만들어요.

① 호랑이 → ② 이야기 → 기도

당근 → 근육

도사

신사임당 ← 귀신 ← 사마귀

③ 신사임당의 기도로 도사는 당근을 먹고 근육을 키워 사마귀 귀신과 호랑이를 물리쳤다는 이야기.

① 그림책 속에 나온 단어 중에서 가장 기억에 남는 단어를 쓰게 해 주세요.

② 단어 끝말잇기를 할 때는 이야기가 만들어질 수 있도록 신중하게 생각하고 쓸 수 있게 해 주세요.

③ 끝말잇기에 사용된 단어들을 모두 사용하여 이야기를 만들 수 있게 해 주세요.
끝말잇기에 사용된 단어들 중에서 3가지를 사용하여 이야기를 만들 수 있게 해 주세요.

줄줄이 꿴 이야기

끝말잇기 퍼즐로 단어를 찾아 재미있는 문장을 만들어요.

어서 오세요! ㄱㄴㄷ 뷔페

최경식 글·그림 | 위즈덤하우스

뷔페에서 가족과 즐겁게 식사하는 이야기를 읽고, 그림책 글에 음을 붙여 만든 노래를 따라 부르며, 눈으로 귀로 입으로 다채롭게 한글을 만나 보는 그림책입니다. ㄱ부터 ㅎ까지 닿소리 글자 14개를 각 닿소리로 시작하는 음식 이름을 통해 초성 게임을 하듯 재미있게 익힌 다음, 마지막 페이지에 실려 있는 가사를 보며 아이와 함께 신나게 노래를 불러 보세요.

#뷔페 #음식이름 #ㄱㄴㄷ #한글 #즐거움 #함께하는식사

문해력 목표		• 우리 가족이 좋아하는 음식을 알아본다. • 초성별 식단을 짤 수 있다. • 초성별 메뉴를 짜 보면서 어휘력을 키울 수 있다.
문해력 질문	독전	• 뷔페에 가 본 적이 있나요? • 뷔페에서 내가 가장 좋아하는 음식은 무엇인가요? • 뷔페에서 기억에 남는 음식은 무엇인가요? • 뷔페에 있었으면 하는 음식은 무엇인가요? • 표지 속 사람들은 어떤 말을 하고 있을까요? • 표지 속 사람들은 어떤 음식을 기다리고 있을까요?
	독후	• 가장 기억에 남는 음식은 무엇인가요? • 가장 먹어 보고 싶은 음식은 무엇인가요? • 뷔페에서 우리 가족이 좋아하는 음식은 무엇인가요? • 책에 나온 음식으로 일주일 식단표를 짜 본다면 어떻게 할까요? • 다양한 음식으로 요일별 메뉴를 짜 본다면 어떻게 할까요? • 'ㄱㄴㄷ' 음식은 무엇이 있었나요? • 추가하고 싶은 음식은 무엇이 있나요?
문해력 활동지		내가 정한 요일 반찬
연계 도서		• 『하늘에서 음식이 내린다면』 쥬디 바레트 글, 론 바레트 그림, 홍연미 옮김, 토토북 • 『한글 비가 내려요』 김지연 글·그림, 웃는돌고래 • 『가족은 꼬옥 안아주는 거야』 박윤경 글, 김이랑 그림, 웅진주니어 • 『재미있게 먹는 법』 유진 글·그림, 한림출판사 • 『한글 초성 단어 찾기』 서미원 글·그림, 리스티아트(RESTYART) • 『한번 보러 오지 않을래?』 박종진 글, 밀가 그림, 키즈엠

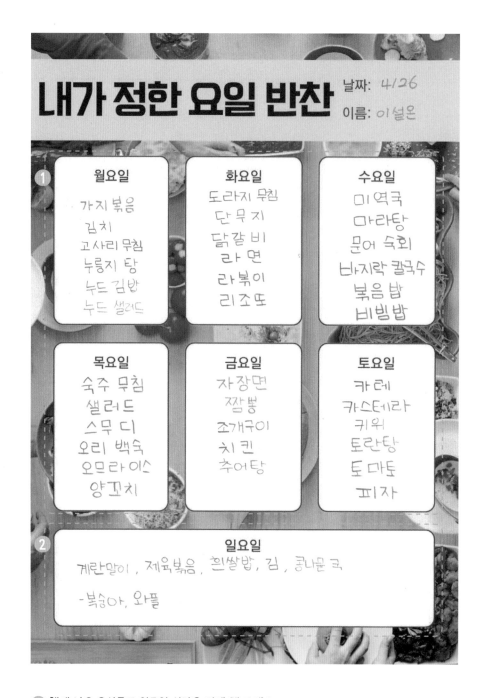

내가 정한 요일 반찬
날짜: 4/26
이름: 이설온

① 월요일
가지 볶음
김치
고사리 무침
누룽지 탕
누드 김밥
누드 샐러드

화요일
도라지 무침
단무지
닭갈비
라면
라볶이
리조또

수요일
미역국
마라탕
문어 숙회
바지락 칼국수
볶음밥
비빔밥

목요일
숙주 무침
샐러드
스무디
오리 백숙
오므라이스
양꼬치

금요일
자장면
짬뽕
조개구이
치킨
추어탕

토요일
카레
카스테라
키위
토란탕
토마토
피자

② 일요일
계란말이 , 제육볶음 , 흰쌀밥 , 김 , 콩나물 국,
- 복숭아, 와플

① 책에 나온 음식들로 일주일 식단을 적게 해 주세요.
내가 좋아하는 음식들로 일주일 식단을 적게 해 주세요.
요일마다 각각 동일한 한글 자음으로 시작되는 음식들로 일주일 식단을 적게 해 주세요.

② 일요일은 자유 식단으로 해도 좋아요.

내가 정한 요일 반찬

날짜:

이름:

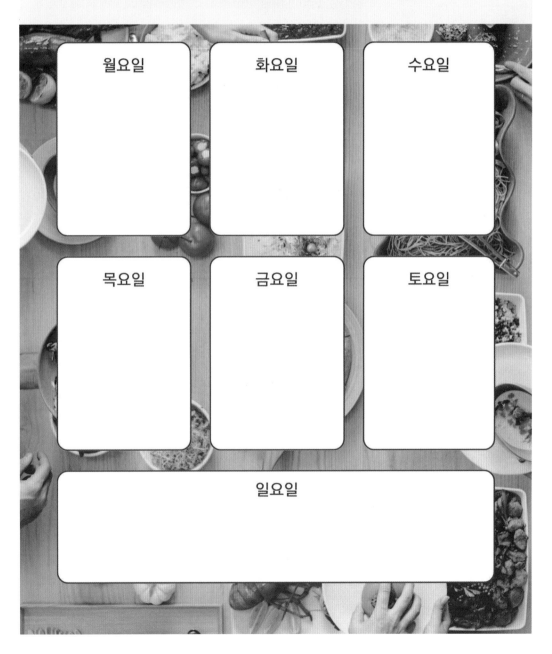

월요일	화요일	수요일
목요일	금요일	토요일

일요일

초등 선생님이 뽑은 남다른 속담

박수미 글 | 천서연·이수현·황윤미·윤유리 그림 | 다락원

속담을 알면 말을 더 맛있게 할 수 있습니다. 예를 들어 책상을 옮기고 있는 친구에게 다가가서 "백짓장도 맞들면 낫다잖아. 내가 같이 들어 줄게."라고 말하면 맨날 듣는 밋밋한 말보다 톡톡 양념이 뿌려진 새로운 맛을 느낄 수 있지요. 이렇게 딱 맞는 비유로 내 마음을 전해 주는 재치 있는 속담 안에는 우리 조상들의 삶의 지혜와 교훈까지 담겨 있습니다.

#속담 #이야기 #지혜 #교훈 #어휘력 #비주얼씽킹

문해력 목표		• 다양한 속담을 알 수 있다. • 속담을 이해하여 그림으로 표현할 수 있다. • 속담을 활용하여 말하거나 글을 쓸 수 있다.
문해력 질문	독전	• '가는 말이 고와야 오는 말이 곱다.'라는 말을 들어 본 적이 있나요? 이러한 말을 무엇이라 말할까요? 이 말의 뜻은 무엇일까요? • 속담이란 무엇일까요? • 속담을 사용하면 좋은 점은 무엇일까요?
	독후	• 기억에 남는 속담이 있나요? • 이 속담의 뜻은 무엇일까요? • 이 속담은 언제 사용할 수 있을까요? • 이 속담을 그림으로 그린다면 어떻게 표현할 수 있을까요? • 이 속담과 비슷한 의미의 속담은 무엇일까요? • 이 속담과 비슷한 의미의 고사성어는 무엇일까요?
문해력 활동지		아하?! 속담 비주얼씽킹
연계 도서		• 『속담이 백 개라도 꿰어야 국어왕』, 강효미 글, 최윤지 그림, 상상의집 • 『읽으면서 바로 써먹는 어린이 속담』, 한날 글·그림, 파란정원 • 『국어 교과서도 탐내는 맛있는 속담』, 허은실 글, 배성훈 그림, 웅진주니어 • 『속담 한 상 푸짐하네!』, 박정아 글, 이덕화 그림, 개암나무 • 『암탉과 누렁이』, 정하섭 글, 한병호 그림, 키큰도토리

아하?! 속담 비주얼씽킹

속담과 속담의 뜻을 적고, 비주얼 씽킹으로 표현해보세요!

속담 : 수박 겉 핥기

속담의 뜻 : 사물이나 사건의 진짜 속 내용은 모르고 겉만 건드린다는 말

속담 : 고래싸움에 새우 등 터진다.

속담의 뜻 : 힘센 사람들의 다툼에 아무관계도 없는 약자가 손해를 입는다는 말

속담을 고르고 떠오르는 그림을 그릴 수 있게 해 주세요. 색칠을 하면 더 좋아요.

아하?! 속담 비주얼씽킹

속담과 속담의 뜻을 적고, 비주얼 씽킹으로 표현해보세요!

속담 :

속담의 뜻 :

속담 :

속담의 뜻 :

162

똥을 지배하는 자

재미드니친구들 글·그림 | 송현지·윤지선 엮음 | 고래책빵

똥을 지배하는 엉뚱발랄한 생각을 가진 어린이 29명의 동시를 모은 책입니다. 어린이만이 지닌 때 묻지 않은 맑고 곱고 유쾌한 동시들이 가득합니다. 어린이들이 선물하는 신나고 즐거운 동심의 세계로 떠나 볼까요?

#동시 #어린이가쓴시 #어린이가쓴글 #동시집 #웃긴동시집 #웃음폭탄동시집

문해력 목표		• 동시의 재미와 즐거움을 안다. • 동시에 흥미를 갖는다. • 동시집에서 마음에 드는 동시로 모방동시를 써 본다.
문해력 질문	독전	• 똥을 지배하는 자는 과연 누구일까요?
	독후	• 똥을 지배하는 자는 누구일까요? • 가장 마음에 드는 동시는 무엇인가요? • 가장 웃기는 동시는 무엇인가요? • 내 마음이랑 똑같았던 동시가 있었나요? • 내 친구에게 꼭 들려주고 싶은 동시는 무엇인가요?
문해력 활동지		나는야, 동시박사
연계 도서		• 『내 입은 불량 입』, 경북봉화분교 어린이들 글·그림, 크레용하우스 • 『나는 팝콘이에요』, 권서윤·권성현·김강현 외 글, 차야다 그림, 송명원 엮음, 열린어린이 • 『시 주머니 어따 놨어?』, 강선재 글·그림, 고래책빵 • 『라면 맛있게 먹는 법』, 권오삼 글, 윤지회 그림, 문학동네 • 『쉬는 시간에 똥 싸기 싫어』, 김개미 글, 최미란 그림, 토토북 • 『몽당연필도 주소가 있다』, 신현득 글, 전미화 그림, 문학동네

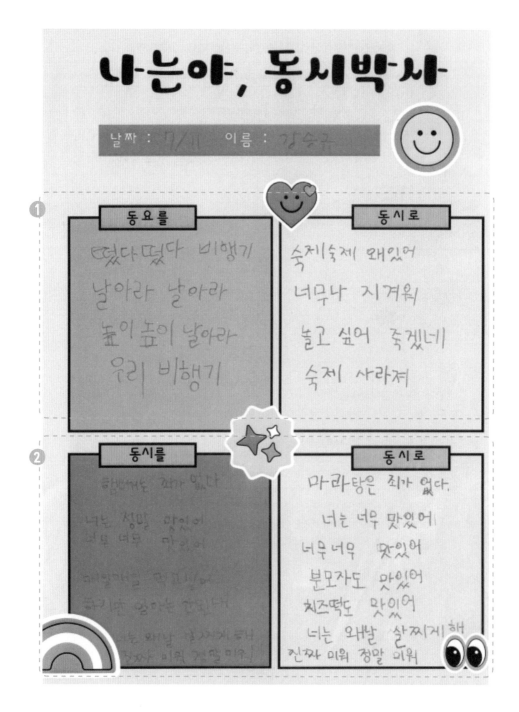

나는야, 동시박사

날짜 : 7/11   이름 : 강승규

① **동요를**

떴다떴다 비행기
날아라 날아라
높이높이 날아라
우리 비행기

동시로

숙제숙제 왜있어
너무나 지겨워
놀고 싶어 죽겠네
숙제 사라져

② **동시를**

함박꽃도 죄가 없다
너는 정말 맛있어
너무 너무 맛있어
머글머글 먹고싶어
흙기면 얼마는 건된다
너는 왜날 살찌게 드니
진짜 미워 정말 미워

동시로

마라탕은 죄가 없다.
너는 너무 맛있어
너무너무 맛있어
분모자도 맛있어
치즈떡도 맛있어
너는 와발 살찌게 해
진짜 미워 정말 미워

① 익숙한 동요를 선정하여 노랫말을 적고, 나의 마음을 노랫말로 바꾸어서 표현할 수 있게 해 주세요.

② 동시집에서 마음에 드는 동시를 하나 골라서 써 보고, 모방 동시를 쓸 수 있게 해 주세요.
  단어 몇 개만 바꾸어도 좋아요.

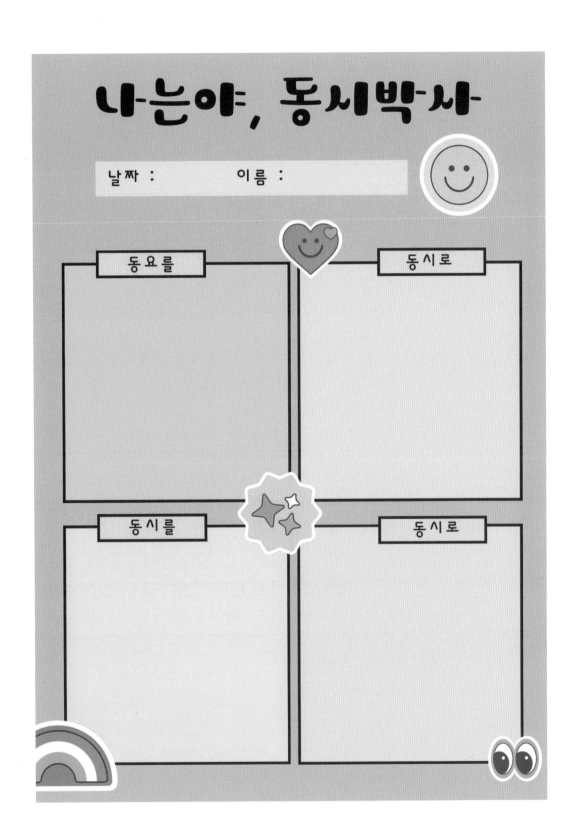

나는야, 동시박사

날짜 :   이름 :

동요를

동시로

동시를

동시로

부록❶ 나는 나예요

27쪽 활동지 참고

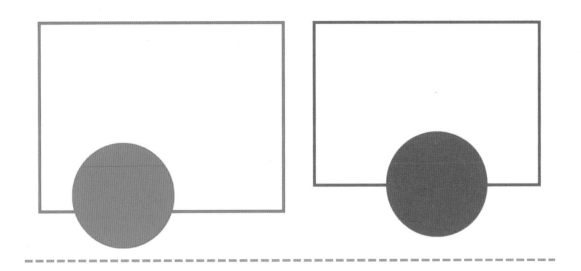

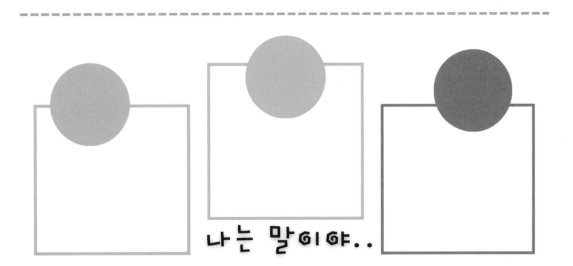

나는 말이야..

29쪽 활동지 참고

칭찬배지 만들기

<앞면 A>

<앞면 B>

부록❹ 어서 와요, 달팽 씨

달팽쿠폰 파리미끄러청소 1회권

유효기간: 3개월

쿠폰설명:

파리가 미끄러지도록 깨끗하게 청소해드림

달팽쿠폰 어우, 시원해 1회권

유효기간: 1년

쿠폰설명:

'어우, 시원해!' 소리가 절로 나오게 안마해드림

달팽쿠폰

유효기간:

쿠폰설명:

달팽쿠폰

유효기간:

쿠폰설명:

달팽쿠폰

유효기간:

쿠폰설명:

달팽쿠폰

유효기간:

쿠폰설명:

달팽쿠폰

유효기간:

쿠폰설명:

달팽쿠폰

유효기간:

쿠폰설명:

부록❺ 위대한 가족

46쪽 활동지 참고

만드는 방법
1. 굵은 선을 따라 오려 주세요.
2. 대문 접기를 한 후 하트 문패를 오려서 문 위에 붙여 주세요.
   문이 열리도록 풀칠은 하트 반쪽만 해 주세요.

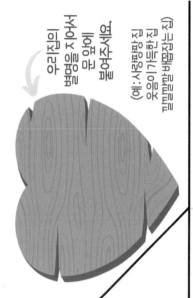

우리집의
별명을 지어서
문 앞에
붙여주세요.

(예 : 사랑뿅뿅집
웃음이 가득한집
깔깔깔 배꼽잡는 집)

우리 가족을 소개합니다

우리 가족은 어떤 동물을 닮았을까?
가족의 모습을 액자에 그려보고,
가족들에게 하고 싶은 말을
말풍선에 적어보세요.

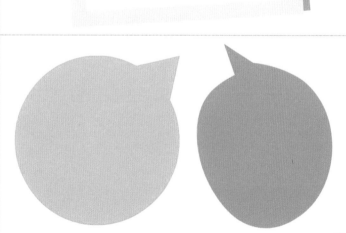

175

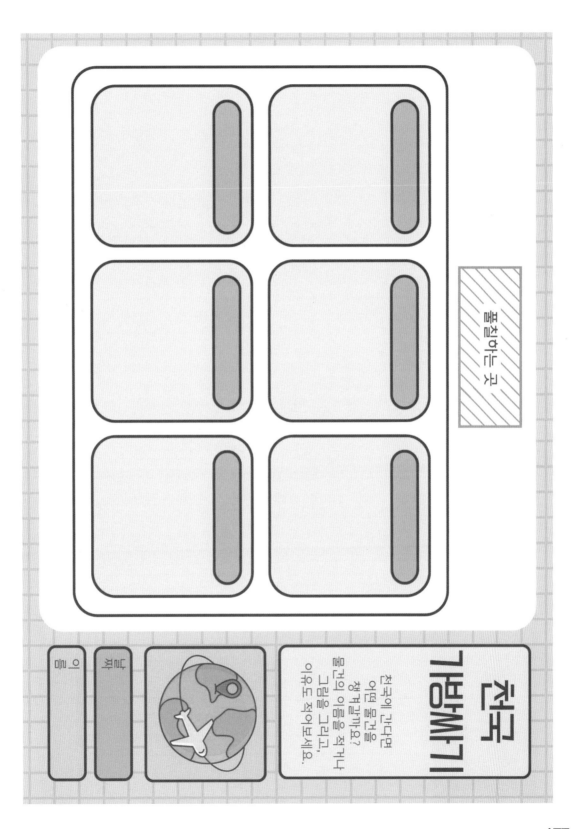

천국 기행문

천국에 간다면
어떤 물건을
챙겨 갈까요?
물건의 이름을 적거나
그림을 그리고,
이유도 적어보세요.

풀칠하는 곳

여행을 떠나요!

여행을 떠나기 위해 가방을 준비할까요?

1. 가방을
나만의 스타일로
예쁘고 멋지게
꾸며주세요.

2. 가방을
가장자리 선을 따라
오려주세요.

3. 활동지에
풀칠을 한 후,
내가 꾸민
여행가방을
붙여주세요.

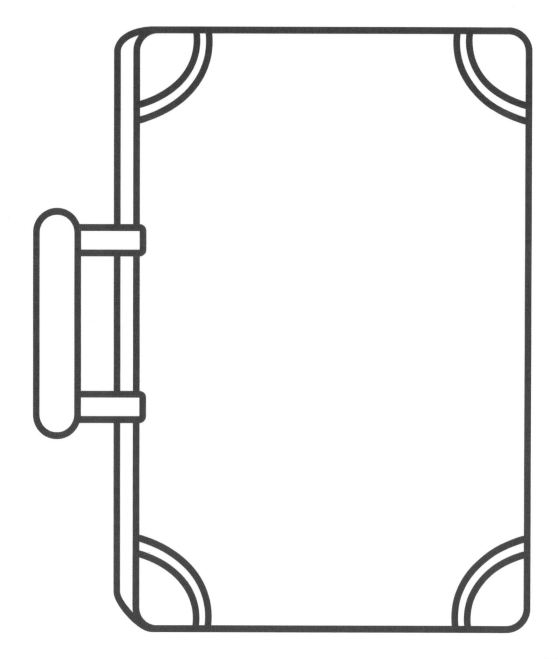

 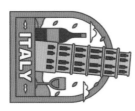  

69쪽 활동지 참고

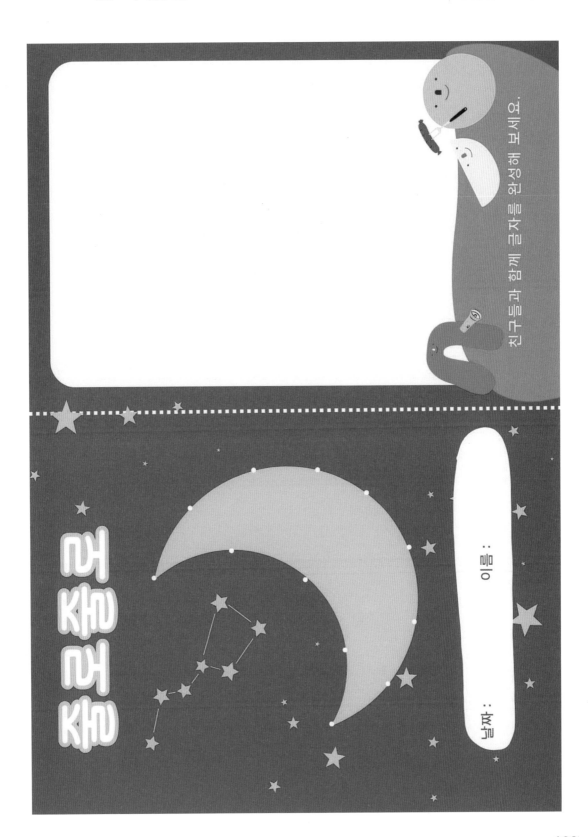

일정한 거리에 돌을 세운 다음 돌을 던져 맞히거나 발로 돌을 차서 넘어뜨리는 놀이

조그마한 돌 여러 개를 땅바닥에 놓고, 규칙에 따라 집어 올리고 받는 놀이

두 사람이 일정한 거리에 서서 상대를 향해 팽이를 던져 싸우는 놀이

제기를 발로 차서 떨어뜨리지 않고 많이 차는 놀이

기다란 막대기나 줄에 불을 달고 빙빙 돌리는 놀이

일정한 영역 안에서 물을 묻어 놓거나 감추고 그것을 찾아내는 놀이

두 사람이 긴 줄의 양쪽 끝을 잡고 돌리면, 나머지 사람들이 그 속으로 들어가 뛰어넘는 놀이

긴 널빤지의 가운데에 짚단이나 가마니로 밑을 괴고, 양쪽 끝에 한 사람씩 올라서서 번갈아 뛰는 놀이

정월 보름날 밤에 다리를 밟아 건너며 건강을 비는 놀이

재미있는 전래놀이

이름:

재미

102쪽 활동지 참고

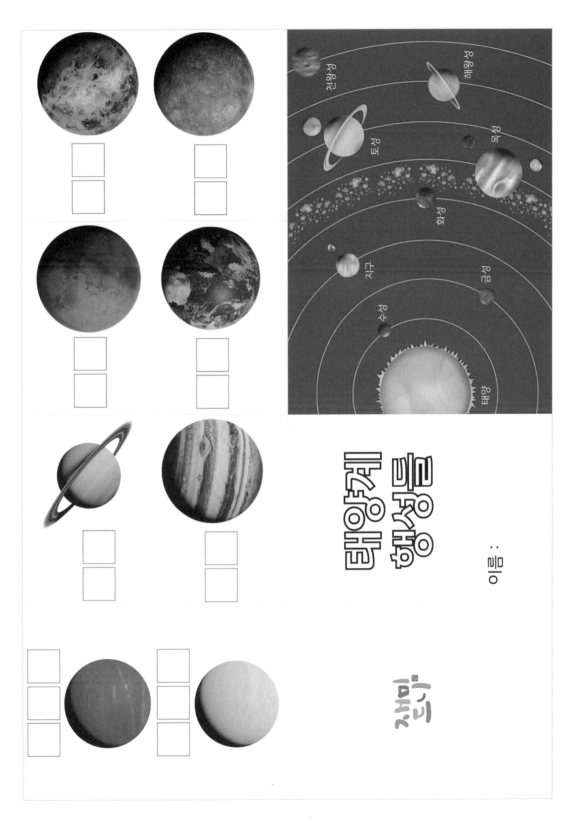

태양계 행성들

이름 :

미니북

천왕성
해왕성
토성
명왕성
화성
지구
목성
수성
금성
태양

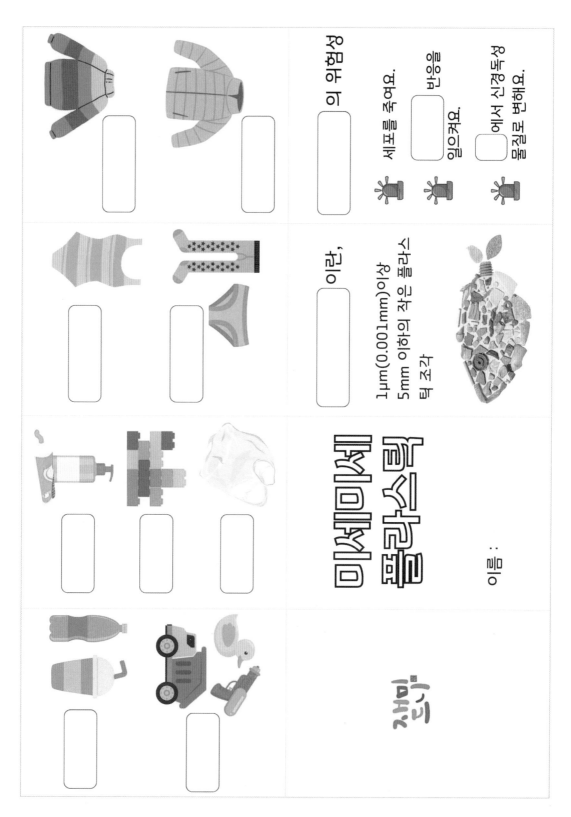

이 아형성

이

세포를 죽여요.

을 반응을 일으켜요.

에서 신경독성 물질로 변해요.

이런,

이란,

1μm(0.001mm)이상 5mm 이하의 작은 플라스틱 조각

미세미세 플라수프

이름 :

미니북

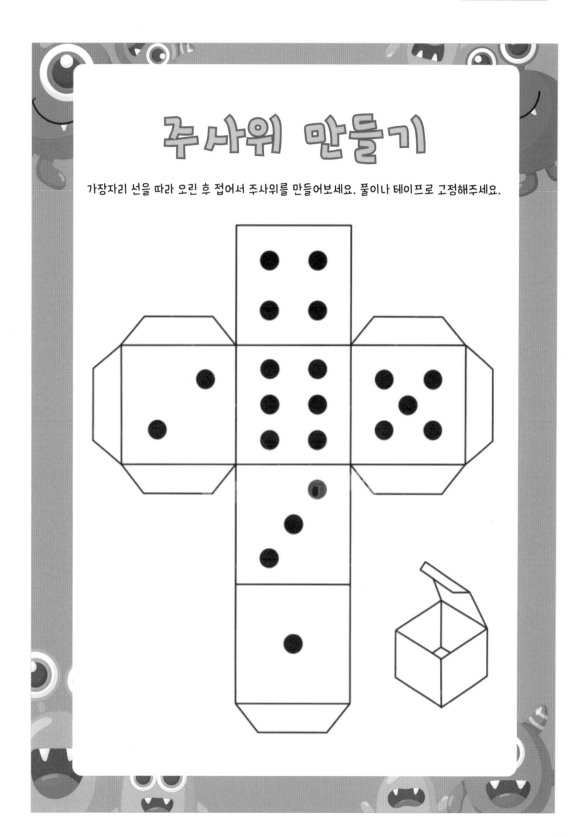

주사위 만들기

가장자리 선을 따라 오린 후 접어서 주사위를 만들어보세요. 풀이나 테이프로 고정해주세요.

점선을 따라 대문 접기를 해 주세요.

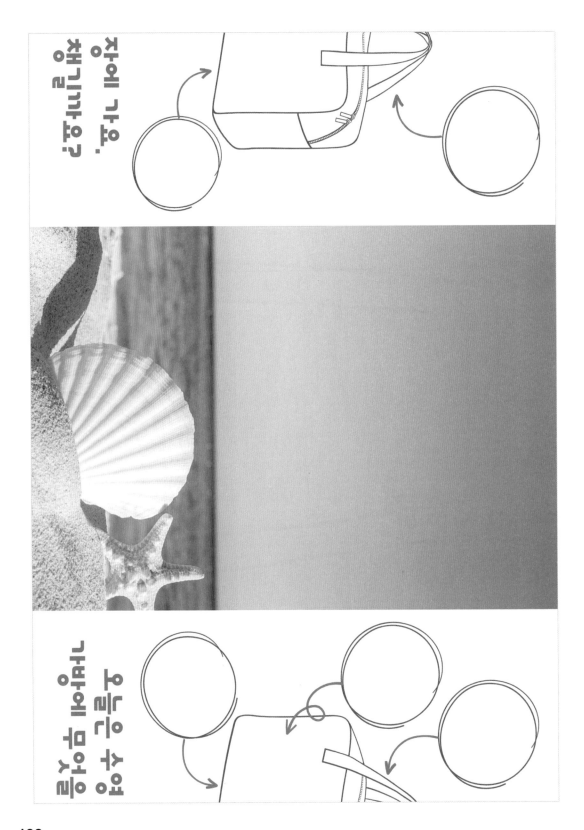

140쪽 활동지 참고

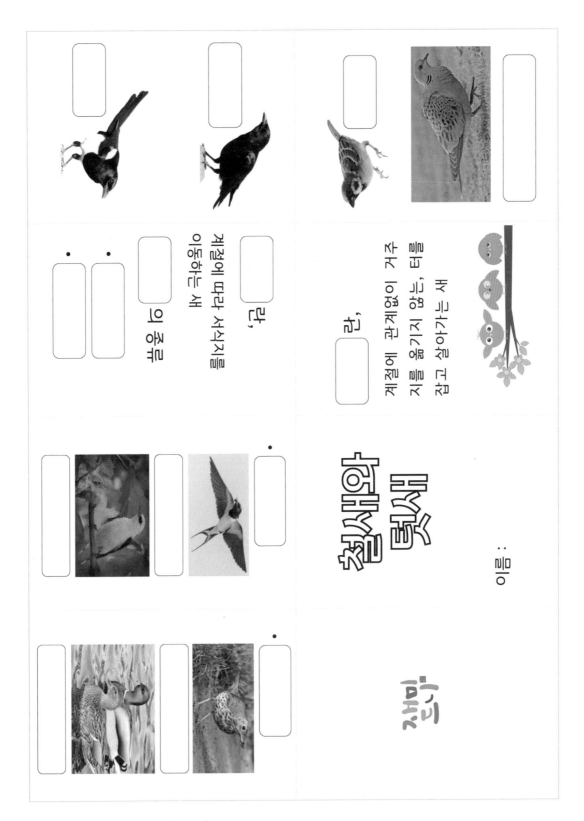

철새와 텃새

계절에 관계없이 거주 지를 옮기지 않는, 터를 잡고 살아가는 새

텃새,

계절에 따라 서식지를 이동하는 새

철새,

이름:

제비

이름:

태양계 행성들

이름 :

게임이름

수 성	지 구	목 성	천 왕 성
금 성	화 성	토 성	해 왕 성

재미있는 전래놀이

이름 :

게임이름

굴렁쇠
막대기로 굴렁쇠를 굴리며 달리는 놀이

운감치기
긴 막대기로 짧은 막대기를 쳐서 멀리 보내는 놀이

술래
일정한 지역 안에서 술래가 숨은 사람을 찾는 놀이

제기차기
제기를 발로 차서 떨어뜨리지 않고 많이 차는 놀이

쥐불놀이
기다란 막대기나 줄에 불을 달고 빙빙 돌리는 놀이

풀묻기
일정한 영역 안에서 풀을 묻어 놓거나 감추고 그것을 찾아내는 놀이

줄넘기
두 사람이 긴 줄의 양쪽 끝을 잡고 돌리면, 나머지 사람들이 그 속으로 들어가 뛰어넘는 놀이

다리밟기
정월 보름날 밤에 다리를 밟아 건너며 건강을 비는 놀이

널뛰기
긴 널빤지의 가운데에 짚단이나 가마니로 밑을 괴고, 양쪽 끝에 한 사람씩 올라서서 번갈아 뛰는 놀이

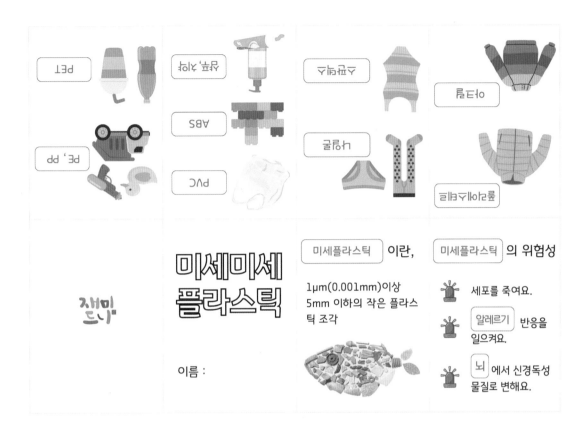

PET

가방, 렌즈

장난감

ABS

PVC

PE, PP

스펀지

나일론

아기옷

폴리에스테르

잼민드니

미세미세 플라스틱

이름 :

미세플라스틱 이란,

1μm(0.001mm)이상 5mm 이하의 작은 플라스틱 조각

미세플라스틱 의 위험성

- 세포를 죽여요.
- 알레르기 반응을 일으켜요.
- 뇌 에서 신경독성 물질로 변해요.

청둥오리

쇠찌르레기

개똥지빠귀

제비

겨울철새 ·

여름철새 ·

가을철새 ·

겨울철새 ·

여름철새 ·

철새 이 흐름

철새 는,

계절에 따라 사는지를 옮기는 새

까치

직박구리

잼민드니

철새와 텃새

이름 :

텃새 란,

계절에 관계없이 거주지를 옮기지 않는, 터를 잡고 살아가는 새

참새

멧비둘기